AF499364

CARTAS DE UNA MUERTA

Espíritu Maria João de Deus
Francisco Cândido Xavier

CARTAS DE UNA MUERTA

Espíritu Maria João de Deus
Francisco Cândido Xavier

cáritavalencia
ediciones

Cartas de una muerta
Traducción del original en portugués: *Cartas de uma morta*
Francisco Cândido Xavier
Por el espíritu Maria João de Deus

Publicado por acuerdo con LAKE Livraria Allan Kardec Editora

Corrección: Laia Vilanova i Ángeles
Revisión: Natiana Serrano Bort

Cárita Valencia Ediciones
Calle Maldonado, 40 bajo izquierda · 46001 Valencia
Tel. +34 686 179 057 · +34 642 896 500
www.librosespiritualesallankardec.com
caritaediciones@amicvalencia.org.es
www.amicvalencia.org.es

1.ª edición: septiembre 2021
ISBN papel: 978-84-945742-8-3
ISBN e-book: 978-84-945742-9-0
ISBN POD: 978-84-942975-9-5
Depósito legal: V-2876-2021

El equipo espiritual que dirige los trabajos editoriales recomendó, por vía mediúmnica, a través de la médium Eliana Luiz dos Santos, esclarecer algunos detalles acerca de la producción editorial de Cárita Valencia Ediciones.

Nuestras obras son traducidas del portugués al español por buenos corazones, personas bien intencionadas e impulsadas por el deber de llevar adelante su conjunto de convicciones. Esta obra, CARTAS DE UNA MUERTA, ha sido revisada de forma profesional dentro de los estándares editoriales vigentes en España.

Con gran alegría entregamos a los lectores esta primera edición en español. Que esta obra contribuya a nuestra comprensión del cristianismo en el momento en que Jesucristo resurge de la muerte para la vida eterna y nos asista en nuestro crecimiento, conocimiento y amor. Jesucristo fue la primera carta de la muerte para nosotros, principio de la pluralidad de las existencias.

Cárita Valencia Ediciones

«Hay vida en todas partes.
No existen vacíos en el universo».

Maria João de Deus, 1935

Nuestra gratitud a Dios, a Jesucristo y a los buenos espíritus que posibilitaron el encuentro con AMIC en Brasil —Cárita Editora Espírita—, a través de la cual llegamos a la segunda obra de Chico Xavier, *Cartas de una muerta*, del conjunto de 414 obras de toda su trayectoria. Damos también nuestra gratitud a LAKE Livraria Allan Kardec Editora, por su generosidad en la cesión de los derechos de *Cartas de una muerta* y sus 85 años de labor en la divulgación del espiritismo.

PRÓLOGO A LA EDICIÓN EN ESPAÑOL

«Hay vida en todas partes. No existen
vacíos en el universo».

Maria João de Deus escribe estas líneas celestes a través de las bendecidas manos de su hijo Francisco Cândido Xavier, líneas que nos hacen ver la luz del futuro humano en las extensiones de este océano con la nave de la reencarnación y la brújula de la ley del progreso atravesando las aguas de la experiencia evolutiva, revelando el postulado de la *pluralidad de las existencias.*

Maria João de Deus escribe para iluminar la oscuridad en relación con el futuro del ser; escribe para darnos visibilidad de la bondad divina, de su misericordia justa y sabia que nos guía para la superación de los estados aún deshumanos en que nuestra alma se encuentra prisionera.

Como madre, hace el trabajo de las madres: guiar a los hijos al Padre nuestro de cada día.

En la carta 97[1] nos hace la siguiente invitación: «¡Sigamos a Jesús! ¡Él es el camino, la verdad y la vida!».

Más adelante, en la carta 124[2] pregunta:

> [...] ¿Fenómenos? El hombre nunca encontrará otro mayor que la vida de Jesús, localizada en la historia. ¿Mensajes esclarecedores? ¿Podría haber alguno mayor que el de la palabra permanente de su Evangelio? [...]

1 Carta 97 *La misión consoladora de los espíritus en la Tierra.*

2 Carta 124 *Una palabra a los sufridores.*

En la carta 98[1] dedica a la mediumnidad de su hijo algunos consejos, útiles a todos los médiums en el cuidado y desempeño mediúmnico. Recomienda confianza en la providencia y humildad:

> [...] No encares tu mediumnidad como un don. El don es una dádiva y aún no mereces favores del Altísimo dentro de tu imperfección. Reflexiona que, si la verdad ha exigido mucho de ti, tu débito es enorme delante de la ley divina. Considera todo esto y no te desvíes de la humildad. En los tormentos transitorios de tu tarea, recuerda que eres asistido por el cariño de tus guías intangibles [...].

Maria João de Deus escribe estas cartas y en sus páginas vemos cómo los cielos permiten que una madre prolongue el cuidado, amor y educación de un hijo desde el más allá. ¡Cuánta bondad y dulzura en este acto! La inmortalidad del alma se manifiesta en esta relación madre-hijo a través de la mediumnidad del propio hijo, del querido médium Chico Xavier que en 1935 publica la primera edición del libro, ciento veinticuatro cartas en las que Maria João de Deus narra sus primeros momentos en la erraticidad y su progresiva evolución e integración en una vida espiritual de crecimiento y trabajo.

Maria João de Deus nos desvela nuevas realidades celestes, una de ellas el importante intercambio entre la tierra y el cielo, dando testimonio a la doble ciudadanía que nos pertenece a todos nosotros; somos ciudadanos de dos mundos. Más allá de esta importante revelación

1 Carta 98 *Un adiós.*

sobre nuestra ciudadanía espiritual, deja claro que somos espíritus en una experiencia humana, nos desvela la unidad de este mundo invisible con nuestro mundo visible. Y todo el mecanismo de ayuda, dentro del orden de ayuda, oyendo nuestros ruegos, enviando fluidos curativos, regeneradores.

Tenemos en estas líneas la revelación de la colonia, la cual es organizada por un ser de luz, el espíritu Aulus. Allí, las oraciones y peticiones de dolor son reunidas y oídas y la espiritualidad nos hace llegar seres que nos socorren y amparan.[1]

En la carta 101[2] satisface la curiosidad de su amado hijo explicándole quién administra la colonia:

> Nuestro gobernador se llama Aulus, si es que puedo transmitirte el nombre en lenguaje equivalente al diccionario terrenal. Es un elevado espíritu, cuyo progreso y superioridad estamos lejos de alcanzar. Fue uno de los mártires anónimos del cristianismo naciente, y desde épocas remotas, semejante entidad viene purificando su evolución que sigue en altos vuelos, hacia el regazo del amor de Dios [...].

En esta preciosa obra de Maria de João de Deus aprendemos que, en nuestra ciudadanía doble, terrena y celeste, tenemos un mundo entero delante nuestro que necesita cohabitar con nosotros, estar de forma sólida

1 En las cartas 101, 102 y 103 encontramos la descripción hecha por Maria João de Deus de esta colonia que recibe nuestras oraciones y nuestros dolores y nos ayuda a soportarlos.
2 Carta 101 *Como en un gran distrito.*

en nuestro día a día, fortaleciendo nuestros caminos. No disipemos nuestra voluntad ya que puede ser auxiliada por este mundo mayor.

Maria João de Deus nos describe este mundo mayor, mucho mayor, como un océano maravilloso y a nosotros en una nave reencarnatoria haciendo la experiencia humana donde tenemos la presencia espiritual a través de los tutelares del espacio.

Y, con sus propias palabras, da consuelo a los sufridores en un mensaje recibido el 30 de octubre de 1936, añadido en la segunda edición de Brasil:

> [...] Escribí pensando en las madres sufridoras, cuyo corazón dilacerado no tiene otra luz, en el camino oscuro de la Tierra, que las esperanzas y súplicas puestas en el cielo; les veo, desde aquí, las amargas dificultades y los ásperos disgustos y las siento conmovidas por la tortura de las aflicciones, clamando por la misericordia infinita de Jesús. Las escribí ponderando las expectativas ansiosas de los hombres desolados por los dolores que cercan y humillan, en los senderos aspérrimos del deber y de las obligaciones más penosas [...].

Maria João de Deus también describe en la carta 52[1] —no podemos olvidar este hecho— la vegetación del planeta de Saturno:

1 En las cartas 50, 51, 52, 54 y 55 podemos encontrar la descripción hecha por Maria João de Deus del planeta Saturno.

> Una vegetación extraña ocupaba el suelo blanco, a veces brillante; sin embargo, la clorofila que se conoce en el planeta terráqueo debía estar sustituida por otro elemento, porque todo el follaje y ramaje eran azulados; con todo, los especímenes de flores que yo tenía bajo la vista eran de colores variados, y presentaban las más singulares tonalidades cuando reflejaban la luz circunstante. Flores extraordinarias por su originalidad y perfume ornamentaban todo el ambiente.

Maria João de Deus continúa deleitándonos con la descripción del paisaje de otro planeta, Marte, [1] en la carta 116, [2] saciando así nuestra curiosidad:

> Me vi frente a un lago maravilloso, junto a una ciudad, formada de edificios profundamente análogos a los de la Tierra. Apenas la vegetación era ligeramente rojiza, pero las flores y los frutos se particularizaban por la variedad de colores y de perfumes [...].

1 Según la Agencia Espacial Europea, ESA, la sonda europea Mars Express envió a la Tierra el 21 de enero de 2004 imágenes que demuestran la existencia de agua congelada en el polo sur del planeta rojo.
2 En las cartas 116, 117 y 118 encontramos la descripción hecha por Maria João de Deus en su viaje al planeta Marte.

Maria João de Deus, finalmente, en una psicografía a su hijo amado Chico Xavier, describe en líneas de belleza y de amor, la existencia del espíritu Celina:[1]

> Cuando elevamos al cielo nuestra mirada suplicante, hay para todos nosotros, los que se afligen en la probación, una cariñosa y compasiva madre que nos ampara y consuela...
>
> Se compadece de nuestro dolor, nos contempla con misericordia y entonces nos envía el ángel de su bondad, para balsamizar nuestros padecimientos... Es Celina, la suave mensajera de la Virgen, la madre de todas las madres, el genio tutelar de la humanidad sufridora...
>
> Cuando el llanto aflora en los ojos de las que son hijas y hermanas de las que son esposas y madres en la Tierra, en el corazón de las cuales muchas veces se concentra la amargura, viene Celina y las acoge en sus brazos de niebla resplandeciente y, a través de los oídos de la conciencia, les dice con blandura: «¿Vino el dolor a golpear a vuestra puerta? Coraje... No os desaniméis en las ásperas luchas que tienen como objeto vuestra mejora moral. Pensad en aquella que tuvo su alma recortada de martirios, lacerada de sufrimientos, atormentada de angustias».
>
> Ella se desvela desde el cielo por todas aquellas almas que eligieron sus huellas de madre amorosa y compasiva.
>
> Fue ella quien, escuchando la oración de vuestra fe, me envió para que os diese las flores de su amor sacrosanto, portadoras de paz, humildad y, sobre todo, de paciencia, porque el azar no existe y todo en la vida obedece a una

1 Texto extraído del libro *Mãe*, Editorial O Clarim, Francisco Cândido Xavier, 1971.

ley inteligente de casualidad que huye ante vuestros ojos, los cuales se sienten imposibilitados de ver toda la verdad. ¡Tomad mis manos! Cumplid austeramente, cerrad vuestros ojos a aquello que pueda obstaculizar vuestros pasos hacia la luz y caminad conmigo. ¡Los años son minúsculas fracciones de tiempo y, un día, sin deteneros por el cansancio, llegareis al pie de aquella que es vuestra madre desvelada de todos los instantes!

¡Y todas aquellas que oyen, se sienten sustentadas por brazos tutelares, en la noche oscura de los dolores y, vertiendo lágrimas amargas, se preparan y se iluminan en la pedregosa senda de la virtud para respirar los felices aires del encantado país donde florecen los lirios maravillosos de la esperanza!

Que el espiritismo, a través del libro espírita, pueda cumplir en nuestras vidas su papel de mensajero de *esperanzas y glorias*, dando significado a nuestras probaciones y dificultades, en la futura redención de nuestros espíritus.

¡Oh, Maria João de Deus, a tu espíritu entregamos humildemente esta primera edición en español, tus cartas de amor a Dios y al prójimo!

Espíritu Eurípedes Barsanulfo
Médium Hermana Eliana dos Santos [1]
Valencia, 20 de noviembre de 2020

1 Hermana Eliana dos Santos, fundadora y presidenta de AMIC - Amigos da criança en Campinas, São Paulo, Brasil.

LÍNEAS DEL PROPIO CHICO XAVIER PARA LA PRIMERA EDICIÓN EN BRASIL

Las páginas que leeréis son de autoría de la que fue, en la Tierra, mi madre muy querida.

Mi progenitora se llamaba Maria João de Deus y desencarnó en esta ciudad, el 29 de septiembre de 1915. Hija de una lavandera humilde, de Santa Luzia do Rio das Velhas, no pudo recibir una educación esmerada, pero todos los que la conocían afirman que los sentimientos de su corazón sustituían la cultura que le faltaba.

Cuando su bondadoso espíritu se comunicó por intermedio de mí por primera vez, le pedí que me contase las impresiones del inicio de su vida en el otro mundo, y recibí la promesa de que lo haría oportunamente; hace poco tiempo, comenzó a escribir, por intermedio de mi mediumnidad, estas cartas que leeréis.

Yo contaba cinco años cuando mi madre desencarnó, no obstante, nunca pude olvidarla y, últimamente, gracias al espiritismo, oigo su voz, me comunico con ella y a su espíritu generoso debo los mejores instantes de consuelo espiritual de mi vida.

Ahí están, madre mía, tus páginas. Ellas serán vendidas en beneficio de las huerfanitas. Dios permita que los pequeños que sufren reciban un consuelo en tu nombre, y que la Misericordia Divina te auxilie, multiplicando tu luz en la vida espiritual.

Francisco Cândido Xavier
Pedro Leopoldo, Minas Gerais, 25 de junio de 1935

1

En el umbral de la vida más allá de la muerte

Para mí, mi querido hijo, las últimas impresiones de la existencia terrenal, y los primeros días transcurridos después de la muerte, fueron muy amargos y dolorosos.

Quiero creer que la angustia que, en aquel momento, se apoderó de mi alma, se originó por la profunda pena que me ocasionaba la separación del hogar y de los afectos familiares, pues, a pesar de creer en la inmortalidad, siempre me llenaban de pavor las pompas de la muerte; y dentro del catolicismo, que yo profesaba fervorosamente, me atemorizaba la perspectiva de una eterna ausencia.

Luché, cuanto me permitieron las fuerzas físicas, contra la influencia aniquiladora de mi cuerpo; pero fue una lucha singular la que sustenté, como suele suceder a los corazones maternos, cuando peligra la tranquilidad de sus hijos. Únicamente ese amor me obligaba al apego a la vida, porque los sufrimientos, que ya había experimentado, me desprendían de todo el placer que aún me pudiese advenir de las cosas terrestres.

2

Últimos instantes del tormento corporal

Combatí con tenacidad la dolencia que debilitaba mi organismo, sin embargo, llegó el día que señalaba el término de mis posibilidades de resistencia. Las últimas horas me fueron de intenso martirio y, después de una jornada repleta de dolores violentos, vi la noche interminable de agonía. Observaba que mi tiempo en el mundo se acababa difícilmente, anhelando su fin como el trabajador sediento y hambriento, ávido de reposo.

Mi estado moral se caracterizaba por una semiinconsciencia, porque el tormento corporal actuaba sobre mis ideas, que vagaban desordenadas, como si fuesen violentamente expulsadas de mi cerebro.

3

La voz de comando desobedecida

Deseaba orar... todavía, los pensamientos no conseguían obedecerme, dispersos por la confusión establecida en mi mundo interior, en virtud de los padecimientos que recorrían los centros de mi actividad orgánica; y mi voluntad era semejante a una voz de comando, totalmente desobedecida por elementos rebeldes e indisciplinados.

Hoy sé que en aquellos angustiosos momentos muchos seres, aunque intangibles, permanecían a mi lado, amparándome con sus brazos tutelares y compasivos, pero no los distinguía.

Me sentía sucumbir lentamente... Al principio, gemidos de sufrimiento se escapaban de mi pecho torturado, y comprendí la ineficacia de los esfuerzos que hacía para no morir; pero tan ruda era aquella suprema tentativa de resistencia que me abandoné, finalmente, a aquellas fuerzas poderosas e invencibles que me subyugaban.

4

Como en una atmósfera de sueño

Amanecía... Me pareció, entonces, alcanzar una tregua a tantos padecimientos. Parecía estar a punto de dormir, y a pesar de las mismas impresiones de dolor y malestar, me envolvía en las influencias del sueño, aunque siendo presa de indescriptibles pesadillas. Oí todo cuanto se pronunció alrededor de mi lecho y vi la ansiedad de cuantos se aproximaban, pero todas esas impresiones yo las recibía como si estuviese sumergida en mal sueño.

Deseé hablar, manifestar voluntades y pensamientos; eso, sin embargo, era imposible. Contemplé pesarosa la imagen del Crucificado, que me pusieron en las manos lánguidas y quise sinceramente pensar en Él, orar con unción, según mis hábitos. Todavía, reconociéndome llena de vida, no obstante, los dolores dominaban mis sentidos como en una exquisita atmósfera de sueño...

Percibí todos los afectos cariñosos que dispensaron a mi cuerpo y que me fueron igualmente proporcionados en vida; y oí las lamentaciones de cuantos lamentaban mi ausencia. Ansiaba moverme sin que miembro alguno obedeciese a mis impulsos y, otras veces, hacía inauditos esfuerzos para despertarme, huyendo de tan singular pesadilla. Me figuraba que me cubrían de flores y sentía la caricia de los brazos de mis hijos abrazándome con amarga ternura; y les decía mentalmente, entre lágrimas:

—Hijos míos, ¡no he muerto! Aquí estoy, y me siento realmente más fuerte para protegeros y amaros. ¿Por qué lloráis y aumentáis mi angustia?

¡Pero tenía la boca inmóvil y los brazos helados para corresponder a aquellas expansiones de desvelado cariño! Solo poseía la sensación de lágrimas ardientes, que me rodaban sobre las mejillas descoloridas, como estatua viva de amargura y silencio.

5

En el vértigo de la retrospección

El ataúd me pareció un nuevo lecho; sin embargo, cuando me convencí de que me llevaban con él, entre los angustiosos lamentos de los que permanecían, una impresión penosa, atroz, me subyugó integralmente. Me encontré, entonces, bajo indefinible sentimiento de miedo, que me aniquiló la totalidad de las fibras emotivas. Un choque de dolor brusco me dominó el alma y perdí la conciencia de mí misma...

Después de algún tiempo, cuya duración no puedo determinar, paulatinamente me pareció despertar; con todo, al principio me encontraba envuelta en el mismo panorama de sueño. Como si la memoria fuese poseída de un admirable poder retrospectivo, comencé a ver todos los cuadros de mi infancia y juventud, recordando, uno a uno, los mínimos hechos de mi existencia relativamente breve. Veía esos cuadros del pretérito con naturalidad, sin admiración y sin sorpresa...

6

El hogar terrenal percibido desde el más allá

Todavía, inexplicablemente, una completa amnesia invadió mi cerebro espiritual y solo pude acordarme de los lazos afectivos que aún a vosotros me prendían, cuando se me presentó ante los ojos la visión de los últimos instantes de mi vida material.

Busqué, entonces, el hogar que yo dejara; pero ¡oh, torturante sorpresa!, mis hijos no me reconocieron e ¡inútilmente formulé mis sentidos y cariñosos llamamientos!

Me juzgué alucinada, y en vano busqué las antiguas amistades.

—¿No me veis? ¿No me reconocéis? —clamaba yo, disgustada con la actitud impasible de aquellos a quien me aproximaba llena de esperanza, en una posible comprensión de mis palabras; pero la frialdad y la insensibilidad constituían la respuesta de siempre.

Al seguir, se duplicaron mis ansias... Con todo, a medida que me conformaba con la nueva situación e íntimamente deseaba la liberación de aquellas impresiones penosas, me parecía que la atmósfera se iba aclarando, como si en la mente renaciese la memoria integral de mi pasado, diluyendo las tinieblas que lo oscurecían.

Y, cierta noche, cuando reunidos orabais según la costumbre que yo siempre cultivara, oí que el ofrecimiento de las oraciones a Dios era hecho por la intención de mi alma.

7

¡Ah! Yo había muerto...

Se abrió, finalmente, el último velo que ensombrecía mi ser pensante... Me sentí sana, activa, ágil, como si despertase en aquel instante... ¡Ah! Yo había muerto...

Y la muerte representaba un gran bien, porque yo me sentía otra, trayendo las facultades integrales, plena de favorables disposiciones para las luchas de la vida. Todavía tenía la impresión de estar sola, ya que nadie respondía a mis argumentos, aunque percibiese que mi voz nada perdiera de su vigor y tonalidad.

Deliberadamente procuraba hacerme ver por todos, pero una imposibilidad perturbadora correspondía a mis pensamientos. Me refugié, entonces, en las más sinceras y fervorosas oraciones. Fue cuando comencé a divisar bultos sutiles y a oír voces acariciadoras, de las cuales huía amedrentada y recelosa, en la ilusión pueril de que me encontraba con el cuerpo físico, transida de miedo y susceptibilidades...

8

El primer día en la erraticidad

Llegó el día 2 de noviembre de 1915 y ya había transcurrido más de un mes desde la fecha de mi desencarnación.

En ese día, bajo el imperio del gran sinsabor que me advenía de aquella incomprensión, me dirigí tristemente a la iglesia para orar, aprovechando la quietud de su soledad. Entrando allí, sin embargo, comprendí que no me encontraba sola, pues percibía que otras almas, quizá padeciendo el mismo dolor que yo experimentaba, se conservaban estáticas a los pies de los altares, donde fueron a buscar un poco de consuelo y de esclarecimiento.

Todavía, así que me entregué a los arrebatos de la oración, sentí una intraducible vibración que recorría todas las fibras de mi ser, como si fuese a sufrir un vértigo, figurándome estar invadida por la influencia del sueño; pero duró pocos instantes semejante estado.

9

Amargura y alegría, nostalgia y júbilo

Desperté nuevamente, y me vi al lado de una legión de seres que se encontraban arrodillados como yo. Sin embargo, otro era el templo en el cual ya me encontraba. Había un recinto amplio y majestuoso, construido a base de elementos que no es posible calificar, por falta de términos equivalentes en el vocabulario humano. En ese magnificente interior no existía determinado santuario para oraciones, pero sí obras de arte sublimes, entre las que destacaba una tribuna formada de materia luminosa, como si fuese hecha de brumas evanescentes. Se oía, procedente de un coro dulcísimo de voces suaves y cristalinas, una oración al Creador, repleta de armonías y de excelsitudes. Y aquel cántico melodioso era más bien como el movimiento de alas o murmullo de favonios [1] uniendo los pétalos de las flores.

Ahí, más que nunca, recordé los afectos que me unían al hogar; y un incoercible recelo inundó mi espíritu, amedrentado ante la perspectiva de la separación eterna, porque después de las incertidumbres y las agonías de la muerte, sabía haber sido arrebatada hacia un lugar

1 Viento suave.

distante, a menos que estuviese poseída de extremas alucinaciones.

¿De dónde provenían aquellos ritmos armoniosos de cavatina[1] celeste, que me hacían vibrar de emotividad hasta las lágrimas?

Entonces, toda mi alma lloraba de amargura y alegría; había en mi corazón una mezcla de nostalgia y júbilo inexpresables.

10

La hermandad universal de la Divina Causa

Fue cuando se dibujó, en la tribuna de nieve translúcida, la majestuosa figura de un parlamentario, cuando me pareció que allí se materializaba, por un proceso misterioso y en forma humana, el ángel celeste en el cual se destacaban todas las perfecciones.

Irradiaba de su mirada benigna y fulgurante una onda de indescriptible ternura, que se traslucía en su voz, saturada de suavidad y dulzura:

—Hermanos —comenzó él—, nuestra oración, el himno de nuestros corazones, se mezcla con todas las armonías del infinito, elevándose para Dios en un torrente de

1 Aria de cortas dimensiones, que a veces consta de dos tiempos o partes.

melodía y de aroma. El lazo que en este momento une nuestros espíritus mezcla de luces de contextura estelar, igualmente une todos los sistemas planetarios de lo Ilimitado, que se hermanan en el amor más sublime a su Divina Causa.

»¡Vosotros, que aquí os encontráis, venidos de las remotas regiones de las sombras terrenales! Poseídos de angustia y esperanza, que se reflejan en las lágrimas de vuestros ojos, en lo íntimo aún guardáis acerbos recuerdos de la existencia en el exilio, como los carbones que sobreviven en el corazón de la Tierra remota, bajo los escombros de los bosques incendiados. Constituís, por eso, la multitud de almas errantes y sufridoras, deambulando alrededor de los objetos que formaron el paisaje de vuestros espejismos equivocados, porque la única vida real es la vida del espíritu al poseer su preciosa libertad.

11

Un pálido rayo de luz en la noche del raciocinio

»*Toda la existencia terrenal* está calcada en los instrumentos que sirven para las manifestaciones espirituales e, infelizmente, vuestra excesiva dedicación a esos aparatos vició nuestro mundo emotivo, circunscribiendo sus posibilidades al ambiente terrestre, donde apenas poseéis pálido rayo de luz en la noche de un débil raciocinio.

»No supisteis, con todo, dentro de la pequeñez educacional que os fue parcamente dada, abrir el toldo angosto[1] que cubre el santuario infinito de la vida, y os acomodasteis entre las tímidas concepciones que os fueron inculcadas por las ideas religiosas y que empequeñecen la grandeza del Creador del Universo, en la fase del orbe que acabáis de abandonar. Crear un lugar fantástico de gozo beatífico o de sufrimiento eterno e inevitable, centralizar la vida en una esfera de sombra, es solamente obra de la ignorancia desconocedora de la omnipotencia y sabiduría divinas.

»Y es que la vida no palpita solo en el mundo distante donde abandonasteis vuestras últimas ilusiones: en todas partes bulle triunfante, y el vehículo de sus manifestaciones es lo que se diversifica en la multiplicidad de sus planos. Los mundos son la continuidad de otros mundos y los cielos se suceden ininterrumpidamente a través de los espacios ilimitados.

12

En la patria común de todas las almas

»Es menester que quitéis de vuestra mente el ropaje de los engaños materiales, permitiendo que la espiritualidad interior vibre libremente en toda la intensidad de su divina potencia. Tenéis el intelecto lleno de recuerdos nocivos,

1 Estrecho.

los cuales necesitáis descargar para el reencuentro con la felicidad. No os demoréis en hacerlo.

»El cuerpo de vuestras impresiones persiste, desastrosamente, empujándoos a vertiginosas caídas sobre los pantanos, de donde regresasteis, repletos de nostalgia y de amarga tristeza.

»Considerad el verdadero panorama de la vida universal: sistemas de mundos venturosos llenan el universo de armonías excelsas; ¡entre las distancias infinitas del éter, se descubren tierras de encantamiento y divinas grandezas! Sobre vuestras cabezas se elevan los cánticos de las vías lácteas siderales y, bajo vuestros pies, se oyen los himnos de los soles resplandecientes.

»Ponderad esa inmensidad sin principio y sin fin, y reconoced que el espacio es la patria común de todas las almas. Terminadas las grandes luchas, que los seres llevan a efecto por su perfeccionamiento anímico, aquí se reúnen para la elaboración de grandiosos y nuevos proyectos con nuevos ímpetus de perfección y de progreso.

»En las existencias planetarias, como la que acabáis de dejar, las almas luchan y sufren los grandes padecimientos remisorios; a veces, conocen de cerca la copa de las amarguras, sumergidos en el océano de las lágrimas, que salvan y regeneran. Ahí, en esas arenas augustas del aprendizaje y de la redención, se cauterizan heridas cancerosas, se curan úlceras malignas, se perfeccionan sentimientos desviados de su pureza, crecen los emprendimientos felices y se conoce la gran enseñanza de la felicidad, oriunda de la solidaridad salvadora.

13

Los venturosos

»*Venturosos son los que van atravesando* a través de todas las barreras y percances, con el estandarte luminoso de la fe, distribuyendo los inagotables bienes de su piedad y de su amor. Viven serenos en la paz de sus conciencias, entre las ambiciones corruptoras que los persiguen a lo largo de sus caminos, y sus días representan un inaudito esfuerzo de resistencia contra el mal deprimente y oprobioso.

»Padecen continuamente, y cayendo en las batallas morales, sangrando de dolor, pero envueltos en el halo bendito de la esperanza y de la creencia, despiertan jubilosos para la existencia verdadera, donde el egoísmo es una palabra desconocida y la confraternización universal es la más legítima de las realidades. Restablecen sus fuerzas, trabajadas por la intensa lucha de la vida, en los archipiélagos dorados de paz y de reposo en el infinito de los espacios. Así se preparan para otras refriegas, para otras iniciativas, en la interminable y bendecida actividad espiritual, ¡a fin de que se amplíen sus potenciales en todos los dominios de la sabiduría y del amor!

»¡Hermanos bien amados, alimentemos el anhelo de la vida perfecta!¡Almas débiles y desventuradas, llenas de nostalgias y desengaños, sacudid el polvo de los caminos andados, abrid vuestros corazones para la luz, como sagrarios de oro bajo un plenilunio divino!

»Olvidad temporalmente el teatro de vuestros infortunios, donde muchas veces fuisteis traicionadas y humilladas, pero donde también obtuvisteis la carta de vuestra preciosa libertad. Elevemos al Padre nuestra oración de reconocimiento y de amor, de la cual se elevan todos nuestros más puros sentimientos, ¡transubstanciados en armonías celestes!

14

En la falange de los espíritus benignos

Una vez terminada la alocución, pronunciada con la más sagrada de las elocuencias y que, de modo general, imperfectamente reproduzco, con mis ojos nublados de llanto, oí los suspiros de muchos de los presentes, que lloraban bajo el imperio de la más fuerte emoción.

Entonces oramos, acompañando a los inspirados impulsos de aquel enviado celeste, que procuraba infundirnos la fe, la esperanza y la resignación, a través de sus palabras compasivas y piadosas.

Un claro de luna indescriptible, proyectándose en la tribuna que mantenía aún la luminosa figura, bañó nuestras frentes, y pude observar que la atmósfera se impregnaba de un embriagador perfume. Percibí aún que, sobre las naves encantadoras del templo, profusamente caían flores iguales a las rosas terrenales, pero que se deshacían al tocar en nuestras cabezas como tazas fluidas de luminosidad y de aroma.

¡Ah! ¡Cómo lloré, aquel día! Mi alma frágil se conmovía bajo indómita emotividad; pero desde aquel instante, me incorporé a la gran falange de los espíritus benignos que trabajan sin descanso en sus tareas junto a la Tierra, trabajando por el bien de sus semejantes, beneficiándose simultáneamente de lo más útil de los aprendizajes.

15

Reencontrando un afecto del pasado

Muchos encarnados, que han oído las diversas explicaciones en cuanto a la vida de los espíritus en los planos de la erraticidad, tienen una falsa concepción del vocablo, e imaginan que la existencia como espíritu de las entidades se procesa por jornadas interminables, sin un objetivo definido, sin una organización que regule el fenómeno de sus actividades en los espacios.

Esa manera de encarar la cuestión no es verdadera, pues la vida en el más allá discurre en un ambiente que, por sus características fluídicas, escapa a vuestra comprensión, ya que, dentro de vuestro medio de materia muy condensada, os faltan leyes análogas para que podáis establecer una comparación.

16

Y la vida prosigue siempre

En la vida del espacio aún existe la materia, pero en condiciones totalmente diversificadas, en una sutileza para nosotros inimaginable y constituyendo una verdadera maravilla su adaptación a la voluntad de los espíritus.

Allí, también, la sociedad se organiza, sus leyes predominan, las familias se reúnen bajo los imperativos de las afinidades naturales, se lucha y se estudia, en la amalgama de los sentimientos que caracterizan al hombre racional.

En otras modalidades, pues, la vida prosigue y la única diferencia es que el alma desencarnada no se ve tan compelida al cansancio, debido a los elementos de la materia menos densa. Eso en cuanto a las regiones de la erraticidad, porque en los otros orbes, la existencia sigue su curso, de acuerdo con sus modalidades específicas, sometiéndose el yo a esas fuerzas diversificadas como, por ejemplo, en la Tierra nos sometemos a sus leyes fisicoquímicas.

17

Mis pulmones respiraban y mi corazón latía

En mi condición de alma poco evolucionada inicié, pues, la vida después de la muerte en ese ambiente del espacio que describí en las páginas anteriores. Transcurrido el tiempo inolvidable en que divisara la figura sublime de aquel mentor espiritual, que viniera caritativamente a aliviar mis heridas y la de aquellos que formaban la gran turba de mis compañeros, por la nostalgia y por el sufrimiento, no obstante, me sentía relativamente feliz, presentía el corazón afligido por la angustia de la distancia que me separaba del mundo que yo dejara. Los lazos afectivos, los hábitos, las pequeñitas nadas de mi existencia estaban enteramente conmigo...

Uno de mis primeros pensamientos de extrañeza fue el de comprender que había muerto y, al mismo tiempo, conservaba mi cuerpo, el cual, según el buen sentido, fuera entregado a la tierra. Constaté que mis pulmones respiraban y mi corazón latía con absoluta normalidad.

Tales pensamientos me afligieron. Solo me preocupaba el aislamiento en que me encontraba en aquel ambiente, para el cual fuera arrebatada sin una preparación previa. Es verdad que me veía envuelta en una onda de simpatía por parte de cuantos se acercaban a mí; todavía, mi angustiosa extrañeza crecía hasta el punto de hacerme llorar.

18

El guía invisible

En ese ínterin, elevé fervorosamente mi plegaria a Dios, y oí en respuesta la voz de un ser que me instruía:

—María, hija mía, estás ingresando en la existencia real. Olvida todo cuanto se relaciona con tus días en la Tierra y busca atenuar la nostalgia que te calcina, porque las puertas de tu hogar terrenal se cerraron con tus ojos.

»En cuanto a que no me puedes ver, sin embargo, fui aquel que te orientó en medio de los laberintos del planeta que abandonaste. ¡Yo era la voz que hablaba a tu conciencia en los instantes difíciles y fui el Cirineo que te amparó en los amargos trances de la muerte! Acompañé tus pasos cuando te apartaste de las tinieblas del sepulcro, y mi mano estaba unida a la tuya cuando errabas en la oscuridad de la incomprensión.

»Desde el momento bendito que entendiste en verdad tu situación, esparcí claridades sobre tu razón y sobre tu fe. Haces bien en dirigir hacia Dios tus dolorosas conjeturas. Los pensamientos de la criatura, concentrados en Él, en su poder misericordioso, organizan las facultades espirituales, convergiendo sus posibilidades para mayor potencia del raciocinio y del sentimiento, atributos sublimes de la existencia de las almas. Tu cuerpo, cuya organización te infunde la más profunda extrañeza, es el envoltorio de materia quintaesenciada, que constituye el envoltorio sutilísimo del espíritu.

»Te impresiona el hecho de haber abandonado la forma corporal, conservando otra idéntica; es que no fuiste bien esclarecida sobre el problema del organismo espiritual que, tomando las células vivas en el inmenso laboratorio de las fuerzas universales, compila el conjunto de elementos preciosos a tu tangibilidad en el orbe terráqueo. Tu cuerpo material constituía solamente una vestidura que se deterioró en la vorágine del tiempo.

Considera esa verdad para que te escudes en el necesario desapego de las cosas mundanas.

19

Los padres de la Tierra no son los creadores y sí los celadores

—*¿Y mis hijos?*— inquirí mentalmente conmovida, entre llantos.

—¡Ah! Comprendo —murmuró mi guía invisible— tus vacilaciones y escrúpulos... Alabo la afectividad de tu corazón amoroso y sensibilísimo; sin embargo, se hace necesario que todo lo encares sensatamente, aceptando con resignación los dictámenes de la voluntad divina.

»Aquellos a quienes prestaste el potencial de tus energías orgánicas y que representaban, como tus hijos, el gran tesoro de amor de tu corazón son, como somos, las criaturas del Padre de infinita misericordia. Los padres de la Tierra no son creadores y sí celadores de las almas, que Dios les confía en el sagrado instituto de la familia. Sus deberes son austerísimos, en cuanto es del albedrío superior su permanencia en la superficie del globo; pero, acá de las fronteras de la carne, es preciso que consideren a los hijos como hermanos bien amados.

»Es necesario también que se aparten de sus luchas y dolores, porque el trabajo y el sufrimiento son leyes imperantes en el planeta, en pro de su propio rescate y redención psíquica. No todos saben cumplir las obligaciones paternales y yo te felicito por el constante deseo en cumplirlas bien. Si sabes proceder bien dentro de nuestra gran familia de las almas, te será permitido velar por tu pequeña familia humana, en el minúsculo lugar de la tierra en que viviste.

»¡Vence, pues, tu malestar interior como has triunfado de las más rudas pruebas morales!

20

Perturbadoras preguntas

Escuché embelesada aquella voz dulcísima, que me embriagaba con sus tonalidades suaves y me enjugué las lágrimas, sintiéndome más dispuesta a afrontar mi nueva situación.

A mi lado, innúmeras almas se mantenían silenciosas, abatidas, y otras se retiraban en compañía de espíritus fraternos. Acudieron entonces, a mi cerebro disipado por el acúmulo de emociones, las más perturbadoras preguntas.

¿Yo estaría allí sola, en relación con los seres amigos que me habían precedido en el más allá? ¿No podría reconocer a uno de los antiguos afectos de la Tierra? ¿Antes de mi regreso a los parajes siderales, no había vuelto a ellos quien fuera mi idolatrada madre?

21

Mi madre: el gran consuelo

Entregada a esas amargas disquisiciones, me vi pequeñita y sentí la sensación de las lágrimas maternas cubriendo mis mejillas. Me acordaba de los pequeños detalles del hogar, cuando experimenté sobre los hombros el contacto de aterciopeladas manos. Elevé repentinamente la mirada y ¡oh, maravilla!, vi a mi madre contemplarme con la mejor de las expresiones de ternura y amor.

¡Cómo me sentí recompensada, en ese momento inolvidable, de todos los infortunios que había sufrido! Una inexpresable sensación de júbilo me dominó el alma al recordar las amarguras de la Tierra lejana, pues, en ese instante, toda mi existencia estaba concentrada en aquel afecto, reencontrado para la ventura inmortal.

Eran mis temores, mis esperanzas, mis afectos, mi larga añoranza; en fin, todo allí estaba en mis llantos de intensa alegría. Y aquel ente querido, que en la Tierra para mi fuera el ángel de amor maternal, también se sentía bajo el imperio de gran emoción. Comprendí que nuestros espíritus de hace mucho se habían unido en la milagrosa trama de las vidas sucesivas, y caí en los brazos amorosos, mezclando los sollozos de nuestros sentimientos.

—¡Mi madre! —conseguí decir—. ¿Podrá haber mayor felicidad que esta?

Percibí, enseguida, que estaba envuelta en onda simpática de su cariñosa mirada, al mismo tiempo que oí su voz impregnada de infinita dulzura:

—María, estás fatigada por las emociones consecutivas... ¡Ven a descansar un poco a mi lado, aquí, hija, junto a mi corazón!

¡Ah! Mis parpados, entonces, se cerraron para el sueño plácido y tranquilo y me adormecí como un pájaro minúsculo, que reposaba bajo la protección cariñosa de grandes alas...

22

En la vida del alma libre

En un ambiente de paz y serenidad transcurrieron mis primeros días en el más allá del túmulo.

Pese a mi tranquilidad, me impresionaban aún las sensaciones corporales, debido a las profundas raíces de sentimientos que me unían al orbe terráqueo. Bastaría que me pusiera en contacto con los recuerdos de la vida que dejé, para que reviviesen, en mi mundo interior, incidentes que presumía enterrados para siempre en el olvido, junto a los más acerbos recuerdos. Se avivaron, entonces, los propios dolores físicos que yo experimentara en mis últimos tiempos en la Tierra; me sentía debilitada por el dolor y por los disgustos.

23

En la vida del más allá, el pensamiento lo es casi todo

Son esas manifestaciones de voluntad débil e indecisa las que más torturaron a los traspasados, en el inicio de su existencia extraterrestre.

En la vida libre, el pensamiento lo es casi todo. No hay en ella formas determinadas como en el mundo de la materia; y todo se subordina a los dictámenes de una voluntad potente.

24

Dificultad en la concentración mental

Mis parcos conocimientos, respecto del espíritu y de sus posibilidades, me dificultaban la concentración mental en un objetivo definido, lo que auxilia sobremanera a los seres recién liberados de la carne a que comprendan la vida que los rodea.

25

La iniciación del más allá

Francelina –el espíritu buenísimo que me sirviera de madre– obtuvo permiso para acompañarme en la iniciación de la existencia espiritual; y fue, guiada por su cariño, que ingresé en las regiones misteriosas que la muerte nos abre a otros planos.

26

El nido acogedor de las almas errantes

Para que puedas tener idea del lugar en que me encontraba, diré que era igual al de los majestuosos edificios de ahí, divididos en confortables apartamentos. Era, como se puede decir, una gran casa de socorros espirituales, un nido acogedor de almas errantes y debilitadas.

Había allí solicitud, celo y amor fraternales. Muchas cosas existen que no se parecen a los objetos de la Tierra; sin embargo, allí vive algo que puede servir de formas intermediarias entre uno y otro plano.

27

La elevación para la verdad y para la perfección

En un espacioso recinto, cuyo techo era la bóveda estrellada del infinito, nos reuníamos para orar. Era ahí donde, en sagrado recogimiento, oíamos extasiados las más sublimes lecciones de los maestros, los elevados espíritus que nos visitaban y que, como guías consoladores, orientaban nuestro pensamiento para concepciones grandiosas del universo, confortándonos en nuestra flaqueza y enseñándonos la vida excelsa de la verdad.

Muchas veces, en los instantes en que nos entregábamos a las más fervorosas oraciones, veíamos descender, de las inmensidades etéreas que nos cubrían la cabeza, una profusión de pétalos de flores, que desaparecían cuando aspirábamos sus perfumes balsámicos.

Me explicó cierto espíritu evolucionado que esos efluvios aromáticos eran las manifestaciones del beneficio de la plegaria que elevábamos al cielo de la perfección y que, ellos remontando, volvían a nuestros corazones saturados del amor de las almas benditas que, por su saber y sus virtudes, se tornaban colaboradoras de la omnipotencia divina.

28

El símbolo radiante del Alma Divina

En otras ocasiones, se nos figuraba oír músicas extrañas y de ritmos desconocidos, que nos envolvían en su armoniosa caricia. A veces, me parecía estar descolocada de su vibración, acompañándola en su interminable camino, viendo entonces en el cielo un corazón dorado y resplandeciente de luz, cuyos latidos llenaban de melodías todo el universo, como un símbolo radiante y sagrado del Alma Divina.

29

¡Hosannas!

¡Salmos! ¡Hosannas!

Himnos de felicidad intraducible escuchábamos, conmovidos, transportados de esperanzas y de inenarrables alegrías.

Muchos de los sabios mentores que nos acompañaban se aprovechaban de esas oportunidades para materializar sus nobilísimos pensamientos, transmitiéndonos mensajes que, por instantes, quedaban maravillosamente grabados en la etérea pantalla del infinito, y eran generosas apelaciones o profundas exhortaciones que calaban en lo más íntimo de nuestros espíritus.

30

El maravilloso aprendizaje

Me fue dicho después que tales ocasiones propiciaban esos fenómenos singularmente bellos, por cuanto se aprovechaba la vibración, síntesis de todos nuestros pensamientos reunidos en plegaria, como gran coeficiente de fuerza plasmadora.

Espectáculos indescriptibles se contemplaban en la vida errática, y las más provechosas lecciones allí eran obtenidas; de ese medio es con el que muchas almas regresan al mundo terrenal, ricas de conocimientos, para encender las antorchas, guías de la humanidad.

En ese lugar, la educación intelectual y el perfeccionamiento de las posibilidades sensibles son el principal objetivo de todas las actividades de la criatura.

Así como tenéis vuestros libros, que representan el depósito de vuestra cultura, hay también una sustancia que retiene los grandes pensamientos de las almas nobles. Ninguna lección queda, pues, perdida, y todos los espíritus procuran asimilar la esencia de esas profundas enseñanzas.

31

La ilusoria nutrición de los espíritus

Ese ambiente constituye una gran esfera fluídica, donde todas nuestras impresiones toman cuerpo de realidad.

Allí existe aún la nutrición; con todo, el espíritu generalmente absorbe los elementos que regeneran su vitalidad en el propio oxígeno que respira, en inimaginables condiciones de pureza y en las más delicadas composiciones químicas de la atmósfera.

Algunos seres, llegando ahí, necesitan por fuerza de los arraigados hábitos de alimentos análogos a los de la Tierra, los cuales obtienen por algún tiempo, pero solo con apariencia de realidad, ilusión esta que es congruente con las superficialidades del cuerpo somático, hasta que se acostumbren con las nuevas modalidades de su existencia.

32

Asamblea de las almas libres de las futilidades terrenales

Altamente instructivas son las conversaciones y asambleas de los espíritus. Personalidades eminentes ahí se encuentran, elaborando proyectos grandiosos para sus actividades futuras. No hay lagunas para las futilidades de que la vida terrenal está saturada. Todo allí es el sumario de aspiraciones edificantes, lo que, sin embargo, es natural, porque estando indemne de la fatiga que le adviene de la lucha por el pan diario, puede el alma entregarse a las más santificadas expansiones.

33

La preparación para las luchas futuras

De ahí brotan para la humanidad influjos bendecidos e inspiraciones salvadoras: mensajes enviados por las almas que, bajo cualquier bandera, vivieron como conductores directos o indirectos de las colectividades.

La vida, pues, ahí discurre, como si fuese una bendecida estación de reposo, donde se descansa de muchas lides y se aprenden las más provechosas lecciones para el progreso en las luchas futuras.

34

La luz y la flora en el más allá

El tiempo aquí no se cuenta por los cronómetros terrenales, y el fenómeno del día y de la noche es diversificado, verificándose en lugar de la oscuridad nocturna, leve disminución de la intensidad de la luz solar, la cual queda atenuada como en uno de vuestros lindos crepúsculos, repletos de coloraciones y tonos admirables, como si la luz interpenetrase todas las cosas.

La vegetación es extremadamente interesante y excéntrica, en comparación con la de la Tierra.

Imaginad un clavel floreciendo con sus raíces entrelazadas en la propia atmósfera del mundo, para que os hagáis una idea de lo que estoy describiendo.

Pocas flores son, más o menos, semejantes a las de vuestros jardines y la mayoría de ellas os parecerían extravagantes a la primera contemplación; sin embargo, se caracterizan por su indescriptible y fina delicadeza.

35

Pensamientos que orientan la formación de cristales y de flores

Algunos espíritus me dijeron que las almas sumamente perfectas, y que ya se volvieron en ejecutoras de los decretos del Altísimo, auxilian a los seres rudimentarios del reino mineral y vegetal, ayudándoles en la organización de sus formas, de sus pensamientos hermosos y sabios, que ellas saturan de elementos del astral, y favorecen así el embrión espiritual en sus primeras manifestaciones.

36

Afectos que desafían el tiempo y la muerte

¿Cómo podría describir la serenidad y la paz que se disfruta en un ambiente feliz en la erraticidad? No hay vocablos o éxtasis imaginables para hacerlo con fidelidad.

Fue ahí donde encontré afectos acrisolados y reconocí las amistades que desafían al tiempo y la muerte, en esos lugares donde existen aún reflejos de la vida planetaria y donde el espíritu adquiere nuevas fuerzas para la lucha interminable en el progreso universal.

37

La Tierra, oscuro planeta de exilio y de sombra, vista desde el más allá

Después de adaptarme, más o menos, a esa nueva vida, se me ocurrió cómo te podría volver a ver y solicité de un instructor información al respecto.

—¿Sabes en qué dirección está la Tierra? —preguntó él con bondad.

Delante de mi natural ignorancia, me apuntó con la diestra un punto oscuro que se perdía en la inmensidad, recomendando mirarlo fijamente. Me pareció verlo crecer dentro de un torbellino de sirocos[1] indescriptibles. Me parecía contemplar la impetuosidad de un huracán envolviendo gran masa compacta de cenizas ennegrecidas.

Tomada de inusitado recelo, desvié la mirada; sin embargo, mi solícito guía, exclamó con calma:

—Allí está la Tierra con sus contrastes destructores; los vientos de la iniquidad la barren de polo a polo, entre los gritos angustiosos de los seres que se debaten en la aflicción y en la hecatombe. Lo que viste es el efecto de las vibraciones antagónicas, emitidas por la humanidad atormentada en las calamidades de la guerra. Allí se alimentan las almas con la sustancia amarga de los dolores y, sobre su superficie, la vida es el derecho del más fuerte. Triste existencia la de esas criaturas que se matan mutuamente para vivir.

»Allí son comunes las matanzas, el hambre, las epidemias, la viudez, la orfandad, que aquí no conocemos... ¡Oscuro planeta de exilio y de sombra! ¡En el universo, pocos lugares abrigan tanto orgullo y tanto egoísmo! Es por tal motivo que ese mundo necesita de golpes violentos y rudos.

»Busca ver en aquellas regiones ensangrentadas el lugar en que estuviste. ¡Piensa en los que allí dejaste, llenos de amargura y nostalgia! Dios permite y yo te auxilio.

1 Viento caliente del Mediterráneo. Viento sudeste.

38

El regreso espiritual al hogar terrenal

Delineé, entonces, en la mente, todo cuanto se relacionaba con mi última existencia. Primeramente, me vi en la orilla de un encantador paisaje marítimo, avistando un camino largo, a través del cual fui estimulada a seguir.

Me sentía en la posesión de las facultades volitivas, que obtuviera con mi desprendimiento de la vida carnal, y en una fracción infinitesimal de tiempo estaba a tu lado.

¡Ah! ¡Cómo os abracé a todos, emocionada y recogida! ¡Cómo encontré pequeño nuestro antiguo hogar y cómo me apenó el cuadro de vuestros dolores y dificultades!

¡Lloré amargamente viendo la miseria del mundo que te obliga al sufrimiento y a una batalla sin treguas!

Entonces mezclé, con la plegaria de los encarnados, sufridores y afligidos, la oración de mi alma amedrentada, rogando al Padre Celestial que te fortificase en la lucha redentora, donde, al lado de los innúmeros llantos y de las alegrías disimuladas, se agita la banda de las mil tentaciones que asedian a los espíritus en el ambiente oscuro de la vida carnal, obligándoos al olvido de vuestros deberes y de vuestras austeras obligaciones morales.

39

Los desencarnados en la guerra

La gran dificultad de los desencarnados, para hacerse comprender en lo tocante a las modalidades de la nueva existencia con todos sus pormenores, reside justamente en la ausencia de términos comparativos. Les falta, para manifestarse en ese sentido, la ley analógica a fin de que se pueda asimilar debidamente lo que digan.

Para hacernos la idea de lo que es nuestra vida y los detalles de nuestra residencia, muchas veces es preciso que recorramos las imágenes que la Tierra nos ofrece, a todo cuanto el hombre, en su situación temporal, tiene guardado en la retina.

40

Construcciones y ambientes de transición que recuerdan a los de la Tierra

En los planos adyacentes al mundo, con todo, la vida espiritual transcurre en ambientes semejantes a los de la vida terrenal.

Sus construcciones a base de una sustancia para ti desconocida, tiene, más o menos, las disposiciones que ahí se observan; todavía, en las cosas menores, hay un carácter de transición, que obliga al espíritu a elevar sus aspiraciones y sus intereses hacia lo Alto.

En los lugares en que me encontraba temporalmente, existían muchos departamentos que se preparaban aprisa. Decoraciones, ornamentos, objetos, todo allí se encontraba y se confundía, dando la perfecta idea de grandes establecimientos hospitalarios cuidadosamente organizados.

41

La llegada, al más allá, de los desencarnados en la guerra

Sorprendida, vine a saber que los preparativos se destinaban a los recién desencarnados de la última gran guerra;[1] y no fue aún sin sorpresa que vi que llegaban los primeros ocupantes de aquellos blancos lechos, que se perdían en las amplias enfermerías, graciosas y confortables, no sabiendo explicar por qué razón había necesidad de aquel escenario, mundano en demasía, donde nada faltaba, ni siquiera los mismos instrumentos de técnica operatoria.

De instante a instante, he aquí que llegaba un grupo de camillas, conducidas por almas solícitas y devotas.

Si muchos hospitales de sangre son preparados en la Tierra, en los infaustos días de luchas fratricidas, más

1 Referencia a la Primera Guerra Mundial iniciada el 28 de julio de 1914.

aún en las organizaciones congéneres en los planos de la erraticidad. Sin embargo, no todos los que desencarnan se cobijan en semejantes lugares, habiendo situaciones especiales, propias de aquellos que se hicieron merecedores.

42

La cariñosa recepción

Admiré la delicadeza con la que los seres espiritualizados recibían a sus hermanos retirados de los combates, donde centenas de vidas jóvenes fueron segadas impiadosamente. Eran así recogidos con la mayor bondad, como si fuesen heridos entrando en los hospitales comunes de la Tierra.

43

La última llamada de la vida material

Muchos de los que allí ingresaban manifestaban su pavor a la muerte, rogando en altos gritos que los librasen de perecer. Solicitaban a los que les asistían socorro y auxilio, suplicando que les prolongasen la vida a favor de la novia idolatrada, de los padres cariñosos y queridos, de los seres inolvidables que habían quedado a merced del abandono y del infortunio.

Era para mí singularmente interesante oírles esas rogativas, porque desconocía aún todo el poder somático sobre la inteligencia recién desencarnada.

44

La convalecencia de los desencarnados

Eran todos tratados con insuperable cariño y sus amargas quejas obtenían réplicas afectuosas y animadoras promesas.

Alimentación y tratamiento, todo se asemejaba estrictamente a lo que se puede verificar en la superficie del orbe, hasta incluso ciertas bagatelas que constituían motivos de placer para algunos, como el uso del tabaco o de bebidas preferidas.

Todo allí era confeccionado por entidades cuidadosas a fin de que se preparasen convenientemente para el conocimiento de lo que ocurría. Paulatinamente recuperaban sus fuerzas perdidas; y los que se mantenían en un estado, que podemos clasificar como de convalecencia, eran separados de los demás compañeros.

45

Primeras nociones del más allá

Recibían, entonces, la vaga noción de la verdad, observando fenómenos interesantes, accionados por su voluntad sobre las materias circunstantes, cuya maleabilidad los asombraba.

Esclarecidos maestros, frecuentemente, les dirigían la palabra como apóstoles de la paz, en visita en los departamentos militares.

46

¿Qué es la vida, sino amor?

Recuerdo que, cierta vez, cuando elevado mentor espiritual exaltaba los beneficios de la fraternidad, uno de los oyentes interpeló:

—¡No se puede predicar la paz en tiempo de guerra!

—¿Qué es la vida, hijo mío, sino amor? ¿Y podrá haber amor sin paz? —le replicó dulcemente el apóstol—. Fue la maldad de los hombres la que engendró la guerra, exterminadora de los ideales y de las existencias. ¡Las furias de la impiedad barren casi todas las extensiones de la Tierra y los corazones se dilaceran al soplo frío de la adversidad! ¿Podría Dios, en su misericordia, sancionar esos crímenes nefandos? Para su infinita bondad no existen franceses o alemanes: hay hijos bien amados de su sabiduría y de su amor.

47

Los muertos anónimos, el soldado desconocido

Hubo, sin embargo, en la gran asamblea que oía aquella voz extraña, un sordo clamor de protesta:

—¡Serenad vuestro ánimo! —les objetó calmadamente—. En vano levantáis vuestro clamor de protesta... Oídme. Se os ha preparado convenientemente para saber la verdad. Ya no podéis integrar las filas de combatientes que abastecen mano fuerte a la nefasta política de incomprensión de las leyes divinas. Para la Tierra en cuya superficie presumís continuar, sois muertos anónimos, sois el soldado desconocido. Quiso la magnanimidad de la Providencia que aquí fueseis acogidos suavemente, sin perturbaciones perjudiciales. ¡Vuestros cuerpos están muy distantes, en el regazo de la Tierra benéfica, despedazados por fuerzas ciegas y asesinas!

»Ingresasteis en otra vida. ¡Os compete, por tanto, olvidar vuestros días, aniquilados por el odio abominable!

»¡Considerad la ley de amor que debe unir todas las almas como lazo eterno y sacrosanto!

48

Glorificación del espíritu inmortal

Entonces, como si estuviese en acción un misterioso poder, la atmósfera se transmutó, figurándome haberse rasgado gran nube.

Un paisaje maravilloso se dibujó en la inmensidad: muchas madres extendían sus brazos amorosos a los hijos siempre recordados; muchos seres queridos, llorando de emoción y alegría, venían al encuentro de aquellos corazones tomados de espanto y de recelo.

Un camino florido se desdobló sobre nuestras cabezas y un himno vibrante se oyó en las vibraciones del éter. Era la glorificación venturosa del espíritu inmortal, donde había sonoridades indescriptibles.

—¡Oh, Señor del Universo! Tú que creaste todas las cosas, les concediste la belleza de la inmortalidad.

»¡Sed bendito por todos los siglos de los siglos, por el dolor que nos redimió y nos lavó todas las culpas, por las luchas donde adquirimos experiencia y denuedo moral, por vuestro amor intraducible que nos legó todas las felicidades imperecederas!

»¡Cómo es grande, Señor, el júbilo de nuestro último día en la Tierra, si solo en ti buscábamos amparo y consolación, reposo y fortaleza, cariño y devoción!

49

El supremo homenaje

Todas las voces, entonces, se reunieron en un coro inigualable y, en aquel día, presenciando el esclarecimiento de algunas almas que de aquella hora en adelante se volvieran en activas colaboradoras de la beneficencia sideral, asistí a uno de los más conmovedores homenajes dados a la bondad del creador.

50

Bellezas de Saturno, la vertiginosa excursión

Uno de los planetas cuya constitución más me impresionaba, cuando raramente me entretenía con esas cuestiones en la Tierra, era Saturno, imaginando como serían de prodigiosos los fenómenos de la luz en su superficie, en virtud de su anillo y numerosos satélites.

Revelando estas preocupaciones al espíritu benévolo, que proseguía dispensándome cariñosa protección, me concedió su valioso auxilio para que yo pudiese viajar a aquel orbe distante.

Bastó que fijáramos en nuestra mente semejante deseo, para que me viese al lado de un buenísimo compañero, envuelto en atmósfera diferente de la que me era habitual en las proximidades de la Tierra.

51

El sol azulado de Saturno

Me vi entonces en una superficie diversificada, donde parecía pisar sobre unas masas amontonadas más o menos análogas al hielo, sintiéndome envuelta en una temperatura singular.

Avisté muy lejos, como un ovillo de luz levemente azulada, el Sol; sin embargo, solo pude saber que se trataba de ese astro porque me dice el esclarecido mentor y dedicado guía cuál era la diferencia que yo constataba. La luz se esparcía por todas las cosas, pero su calor era menor, dándome la impresión de frescura y amenidad, arrancando del escenario majestuoso, que yo presenciaba, tonalidades de un rosa pálido y de un azul indefinible.

Vi, después, varias estancias de estilo gracioso, donde predominaban grandes columnatas artísticamente dispuestas, decoradas con una sustancia para mi desconocida que cambiaba de color, en lindísimas tonalidades, a los reflejos de la luz solar.

52

Un mundo sin clorofila

Una vegetación extraña ocupaba el suelo blanco, a veces brillante; sin embargo, la clorofila que se conoce en el planeta terráqueo debía estar sustituida por otro elemento, porque todo el follaje y ramaje eran azulados; con todo, los especímenes de flores que yo tenía bajo la vista eran de colores variados, y presentaban las más singulares tonalidades cuando reflejaban la luz circunstante. Flores extraordinarias por su originalidad y perfume ornamentaban todo el ambiente.

53

Los monstruos feos y graciosos

Contemplando el espacio, muy por encima de nosotros, vi grandes masas multicolores, que tomé por variadas nubes, y al mismo tiempo noté que seres extraños evolucionaban en los aires, en graciosos movimientos, a pesar de parecerme raros. Nada tenían en común con los tipos de la humanidad terrenal, figurándoseme extraordinariamente feos con su organización animalesca, con sus membranas a guisa de alas, tan extrañas para mí, las cuales le facultaban el poder de volitar a voluntad.

54

El día de diez horas

Ante mi actitud de asombro, solícitamente el guía explicó:

—Ves, hija, estamos en la superficie de Saturno, donde el día se compone de diez horas y las estaciones duran más de siete años consecutivos, según se cuenta el tiempo en el planeta que dejaste. Aquí la situación climática es eminentemente benéfica, debido al equilibrio de la oblicuidad eclíptica, propiciando a los habitantes de este venturoso orbe elementos de duradera salud.

55

Nuevos aspectos de la luz

»*El sol aquí presenta nuevos aspectos*, por cuanto su luz, en combinación con los elementos atmosféricos, se caracteriza por composiciones que desconoces; y esa claridad eterna y suave, que te provoca admiración, es conservada en sus vibraciones por los numerosos satélites que la reflejan, multiplicando los rayos luminosos y caloríficos.

56

Sin vicios, sin malas costumbres y sin guerras

»¿*Te espanta* la contemplación de los seres que lo provocan? Es que te encuentras fuera de los ambientes rutinarios, y te falta la analogía para saber comparar las cosas.

»Esas criaturas, que te parecen animales salidos de las plagas terrestres, donde los zoófitos encuentran sus elementos de vida, están altamente dotadas de sabiduría, sensibilidad e inteligencia. Sus sentidos y perfecciones son muy superiores a aquellos con que fueron dotados los hombres terrenales y la preocupación máxima de su existencia es la intensificación del poder intelectual.

»Supieron dominar todos los elementos de la naturaleza y aplicar sabiamente sus leyes; con sus adaptaciones y continuados estudios hicieron de este mundo una de las regiones privilegiadas del Universo, donde las almas deseosas de perfección y belleza estacionan, preparándose para un glorioso porvenir.

»No viven, como en la Tierra, una existencia saturada de vicios y de malas costumbres, ni se nutren sacrificando vidas, pero sí conforme a la naturaleza, aprovechándose de aquello que ella nos proporciona espontánea y naturalmente, alimentándose con frugalidad.

»Sus problemas fáciles de entender fueron simplificados al extremo, pues, desconociendo la ambición que en la Tierra avasalla los corazones, crearon una organización política según su elevada evolución espiritual, regulando con absoluta equidad todas las cuestiones económicas, lo que les otorga envidiable situación de equilibrio, indemne de la acción nefasta de las guerras.

57

Mediumnidad generalizada

»*Aquí aún existe* el colegio sacratísimo de la familia, que se une bajo los imperativos de las afinidades naturales.

»Llegados a cierta edad, los saturninos oyen a los espíritus, sus hermanos de las otras esferas del sistema, existiendo entre ellos la más poderosa mediumnidad generalizada. Conocen todas las combinaciones fluídicas requeridas para su bienestar, y la electricidad y la mecánica no tiene para ellos secretos, ya que saben utilizar las fuerzas con plena conciencia de sus posibilidades.

»También están al tanto de lo que ocurre en los otros mundos, y todo habitante de Saturno puede calcular con precisión matemática, de un momento para otro, la posición de los satélites de los planetas, respondiendo con acierto cualquier argumentación en ese sentido. Conocen la historia y los fenómenos de los globos cometarios que les son familiares, y saben medir el paralaje[1] de las estrellas más próximas, conservando una vasta ciencia de las cosas del cielo.

1 Corrección de los astros.

58

La ciencia unida a la fe

»*Entre ellos, la justicia y la verdad* no son un mito y, hace mucho, la ciencia está unida a la fe. No amontonan las riquezas que resplandecen en el suelo que pisan, en el cual se conservan materias preciosísimas, las cuales solamente son retiradas para ornamentación de sus hogares o de los templos de la sabiduría, donde se verifican prodigiosas manifestaciones de la omnipotencia divina.

»La simplificación de la existencia, por medio de las aplicaciones de su extraordinario ingenio y de sus nobilísimas concepciones acerca de las finalidades de la vida, les aminoró las fatigas y los trabajos, que aquí no precisan ser tan intensos. Se pueden dedicar con más devoción a lo que concierne a la espiritualidad, conservándose por encima de la ciencia terrenal en los problemas referentes a la medicina; las molestias incurables entre ellos son desconocidas, y sagradas instituciones reciben a los que se aproximan de la transición que denomináis muerte, en la Tierra. Para ellos la muerte no existe, porque son conscientes de todo lo que le ocurre al espíritu liberto.

»No son, con todo, seres perfectos como quizá presumas: son aún falibles, pero lo que te deseo demostrar es su incontestable superioridad sobre el orbe que abandonaste.

59

Asambleas aéreas

Viendo grandes nubes multicolores, que aleteaban en el firmamento, expresé mi admiración al compañero celoso, que me esclareció:

—No son nubes lo que contemplas, son aparatos gigantescos donde los saturninos se reúnen para estudios maravillosos. En cada uno de ellos se agrupa una asamblea de espíritus sedientos de sabiduría. La música, la poesía y todas las artes les merecen especial cariño, por cuanto un único objetivo los hermana en un mismo ideal, la grandeza intelectual.

60

Saturno, de los mares rosados...

En ese instante reparé que el día finalizaba en el hemisferio en el que nos encontrábamos, desapareciendo el globo azulado y distante del sol en los horizontes de ese mundo prodigioso; su brillo se desvanecía y, cuando el reflejo cerúleo[1] se observaba en todas las cosas, un escenario esplendoroso e inenarrable se abrió a mi mirada atónita. En las inmensidades del éter ascendió el lampadario maravilloso; se me figuró que una aureola de llamas,

1 Dicho del color azul: propio del cielo despejado.

lindamente coloreadas, coronaba ese orbe encantado, en medio, las lunas fulgurantes, que me parecían victorias regias, resplandecían en un mar de suavísimas claridades.

Nos movimos en determinada dirección y cuál no fue mi espanto al deparar con gran masa de sustancia fluídica, un poco semejante al agua levemente rosada, elucidando mi apreciado mentor que se trata de los mares saturninos, en cuanto apreciaba las fuentes encantadas y los lagos rosáceos como si estuviesen enclavados en glaciares blanquísimos.

Observé, entonces, un cuadro indescriptible: en la cumbre de un monte, que parecía de nieve, cierto palacio de columnas preciosas emergía de una alcatifa [1] de flores.

Resplandecían los anillos luminosos en el firmamento y gran multitud allí se reunía en actitud de recogimiento y plegaria.

Vi, entonces, elevarse a los cielos constelados una onda de luminosidad deslumbrante y de extensión azul, donde evolucionaban los lindos satélites de ese orbe de sabiduría y ventura, un rayo de sol descendió sobre aquellos seres silenciosos y recogidos.

Era la correspondencia visible entre dos planos...

En ese instante, sin embargo, el desvelado mentor me sacó del éxtasis en que me encontraba. Salí, entonces, de aquella atmósfera densa, pero llena de encantamientos y maravillas, llevando conmigo la visión eterna de aquel celeste orbe de armonía y belleza, que se figuró, a mi espíritu tímido e imperfecto, como prodigiosa estancia de perfecciones del universo.

1 Alfombra.

61

Las almas sufridoras

En los parajes de la erraticidad no todos los lugares son estancias de reposo, aprendizaje o bienestar. Hay regiones oscuras colmadas de amarguras, formadas por las conciencias corruptas que las pueblan.

Angustiante es la situación de las almas sufridoras, que a esos ambientes se destinan, porque vivirán con el fruto amargo de las semillas que esparcieron en los días de su vida temporal.

62

El círculo de los padecimientos

Tuve ocasión de visitar algunos de esos núcleos de llantos incontables y amarguísimos; y en ellos encontré algunos de mis antiguos conocidos en la Tierra.

¡Cuán dolorosos son los días que allí transcurren pesadamente!

Es, aún, a las impresiones arraigadas del cuerpo físico a que se deben esos agrupamientos, donde pululan padecimientos de toda especie, pero que existen bajo las determinaciones de una ley natural, reguladora de los problemas de las compensaciones.

63

El pensamiento lo es todo

Un espíritu puede beneficiarse con lo que le proveen del exterior, pero su verdadero mundo es aquel creado por sus pensamientos, actos y aspiraciones.

El pensamiento lo es todo.

Todas las construcciones terrenales, todas las maravillas, que ahí llenan el progreso, son obras del ideal. Naciones, ciudades, leyes, son las exteriorizaciones de los pensamientos. También ellos son la fuente causal de las manifestaciones del espíritu en otros planos, donde todas las formas, muy diferenciadas aún, llenan el ascendente del alma, su inteligencia y su poder.

64

La expiación del egoísmo, de la avaricia y de la lujuria

En los planos de la erraticidad existen, pues, lugares específicos, donde se alían los seres cuyas mentes se afinan por el mismo diapasón. Viven allí los que se apegaron en exceso a las futilidades terrestres, sintiendo desconsoladamente su ausencia; los que colocaron por encima de todo las preocupaciones del egoísmo y de la avaricia, creando con sus ideas fijas todo un mundo de monedas y de valores ficticios, obsesionados por la visión del oro.

En el mundo, aquellos que en demasía se entregaran a los gozos carnales, solamente encontrando en eso el único objetivo de la existencia, viven con los reflejos de sus desvariadas pasiones, y todos los cuadros formados por las vibraciones de esas mentes inferiores y debilitadas se caracterizan por sus densas tinieblas.

65

Deudas de penoso rescate

En algunos agrupamientos de esos espíritus, el sentimiento de caída es tan acentuado entre ellos que, según las creencias que trajeran de un infierno abrasador, se organizan a su alrededor todo un montón de llamas pavorosas. De ahí provienen ciertas visiones mediúmnicas en la historia de los pueblos, que aluden a panoramas infernales, causas de los temas expuestos en muchas oleografías[1] católicas.

Amargas son las desdichas de esas pobres criaturas, que no supieron conducirse en los laberintos de las necesarias pruebas terrenales, contrayendo pesados débitos, cuyo penoso rescate les acarreará un penoso futuro.

1 Proceso para reproducir en una tela cuadros al óleo.

66

Gritos, blasfemias, lágrimas

Sus exclamaciones pungían mi alma, llenándola de sufrimientos desagradables:

«¡Oh, Dios de misericordia infinita! ¿Por qué humilláis con tanta dureza mi espíritu culpable? ¿De qué me valieran los títulos de la Tierra, sus honras y distinciones? ¿No reconocí ya toda la enormidad de mis desvíos, Señor?»

Acusaciones como estas eran mezcladas con gritos y blasfemias, al lado de suspiros y muchas lágrimas.

67

La regeneración y el triunfo son posibles por el amor

Inquirí, entonces, a mi esclarecido mentor, sobre la causa de esos sufrimientos.

—Estas regiones —me dice él— son las que más se avecinan a la Tierra y justamente bajo lo que determina el sagrado estatuto de la compensación, porque esas atmósferas pestilentes reflejan los sentimientos que allí predominan.

»La envidia, la avaricia, la ambición, el sensualismo, campean libremente. Todos los seres que aquí se amontonan, desvariadamente pueden descender hasta los lugares donde anteriormente vivieron apegados a todo cuanto constituye el sustrato de sus placeres.

»No supieron vibrar con los ideales del alma y no quisieron abandonar las ilusiones de sus días terrenales.

»Viven con su propia angustia, acariciando deseos incalificables.

»En cuanto al posible perdón de Dios, no se justifica; así como los insultos y las blasfemias de los hombres no le alcanzan, el Poder Creador no se podría personalizar para conceder beneplácitos.

»La Ley de Dios es siempre el Amor. El Amor es la luz que envuelve al Universo, es el éter vivificador, es el afecto de los espíritus abnegados, es la alegría de los buenos, es la lucha que perfecciona.

»El alma culpable puede, por la súplica, por los deseos reiterados, reorganizar su mundo interior, equilibrarlo para la obtención de mayor fuerza para los nuevos propósitos de regeneración y perfeccionamiento, captando así, en este Amor Universal, los elementos de su triunfo en la lucha; pero la plegaria no aparta del camino aquello que ella misma buscó con sus pensamientos y actos.

68

El desierto de la expiación redentora

A invitación de mi solícito mentor, procuré colocarme en relación directa con aquellas mentalidades que se debatían en los sufrimientos.

¡Ah! Vi entonces el desierto en que se adiestran los que vivieron en la Tierra, para apenas su gozo... Los lagos de sangre en que se asfixiaban los antiguos dominadores, responsables por la eclosión de las m ás horrorosas luchas fratricidas. Las lágrimas punzantes derramadas por los traidores, que sacrificaron con sus perfidias los corazones sensibles. Oí el gemido de todos cuantos habían prevaricado, huyendo criminalmente del cumplimiento de sus deberes.

Sentí que el llanto invadía mis ojos y un malestar inexplicable me atacó; todavía mi compañero espiritual me sacó de esa penosa impresión, invitándome para una rogativa, que elevamos sentidamente a todas las fuerzas benéficas del universo para que asistiesen a aquellas almas flageladas en los padecimientos a que se habían hecho acreedoras, derramando sobre ellas los efluvios de la paz y de la resignación, en sus pruebas redentoras.

69

La semilla de la paz y de la esperanza

En ese instante en que pedíamos con fervor, vi que un foco de luz atravesaba la pesada atmósfera, bañando aquellas frentes inmersas en el martirio. Ninguna de ellas percibió aquella claridad; solamente en algunos noté la eflorescencia de una extraña ansiedad, que representaba ligero alivio al mismo tiempo...

Enseguida escuché a mi guía decir:

—¡Vamos, hija! Nuestra plegaria fue oída. Si los sufridores no consiguieran recibir sus beneficios inmediatamente, por el estado de dolor y de endurecimiento en que se encuentran, basta, para nuestra alegría, que algunas de esas almas vagamente hayan sentido el sagrado influjo de nuestras invocaciones; porque hoy, en esos corazones que experimentaron el ansia de la felicidad y de la perfección, plantamos con nuestras rogativas sinceras los lirios perfumados de la paz y de la esperanza.

70

Observaciones de un alma

Después que me habitué a la nueva vida en la erraticidad, uno de los espectáculos más impresionantes era el de contemplar la Tierra a cierta distancia.

Pueden los espíritus trasladarse como lo hacían en la Tierra, lenta y pesadamente, pero no hay necesidad de que así se proceda.

Gracias a nuestras facultades volitivas, vencemos las mayores distancias con rapidez inimaginable, pudiendo parar en cualquier punto, hasta la zona que nos es posible alcanzaren nuestras condiciones de relativo desenvolvimiento espiritual.

71

Una visita a la Tierra

Yo quise, entonces, ver el orbe terráqueo, los lugares donde el aire enrarecido se pierde en las extensiones infinitas y vivientes del éter. Deseaba saber si yo podría ver el planeta en sus movimientos rotatorios, sin embargo, lo que sentí a tan grandes alturas fue un inmenso torbellino, como si las atmósferas fuesen agitadas por huracanes destructores.

Muy abajo vi masas informes e indistintas... aproximándome gradualmente, contemplé la Tierra, que se me figuró no un punto móvil en el espacio, sino fijo y oscuro. Muy a lo lejos, aún vi en esa mancha oscurecida, que iba aumentando de volumen, algunos detalles como nesgas [1] grises y otras claras como espejos gigantescos: eran las

1 Nota del traductor: pieza de lienzo o paño, cortada en forma triangular, que se añade o entreteje a las ropas.

grandes ciudades y los océanos que yo tenía bajo las vistas deslumbrantes. La acción del sol daba a todo esto un tono maravilloso; todavía aproximándome más, experimenté indescriptible miedo. No vi el movimiento de rotación del orbe; lo que me amedrantaba es que me parecía llegar en una esfera grande y líquida, cuyas extremidades se perdían en una sustancia lechosa, con relación al color, porque yo no podía ponderar su estructura íntima.

72

La ley de la gravitación subordinada a la voluntad

Pero una voz salvadora murmuró a mis oídos:

—No supongas que te vas sumergiendo en las extensiones acuosas de los océanos terrestres; el recelo es injustificable, porque la ley de la gravitación ahora está subordinada a tu íntimo querer. Ya no estás bajo las leyes fisicoquímicas de la Tierra, cuyas medidas y pesos nada más significan para nosotros. Piensa en el lugar adonde más desearías retornar, idealízalo en la mente según tus recuerdos y la voluntad te guiará al lugar de tus preferencias.

Atendiendo bien a las advertencias del mentor que me seguía, impulsada por mi deseo, cambié de rumbo y, como pensaba en los seres queridos, que en el mundo había dejado, repentinamente me encontré entre ellos en nuestra antigua casa.

73

La única posibilidad de influencia de los desencarnados sobre los encarnados

Nadie me vio, a pesar de sentirme bien viva junto a todos. Entonces solicité, de la entidad amiga que me acompañaba, una explicación para aquella situación embarazosa, indicándole de la inutilidad de nuestro regreso al ambiente de los encarnados, pues no se apercibían de nuestra presencia.

Me dijo entonces que los desencarnados no tenían el derecho de influenciar la iniciativa de los entes que habían dejado en el mundo, a los cuales los sufrimientos y los trabajos les eran peculiares, acrecentando que apenas podríamos obrar en los dominios de la inspiración, actuando indirectamente a fin de que se desviaran de las resoluciones sugeridas por espíritus malvados que infestan los ambientes humanos, donde las irradiaciones de la ambición, del egoísmo y de la maldad acostumbran a superar las elevadas vibraciones del Bien.

74

Recuerdos y lágrimas

Todavía aconsejó que me dirigiese con insistencia a todos vosotros, como si estuviésemos en animada charla, lo que hice empleando todo mi potencial de energía psíquica. Con mis esfuerzos, no obstante, solamente conseguí que tú recordases ardientemente mi persona. Hablaste de la nostalgia que mi ausencia producía en vuestros corazones, de la antigua convivencia de los pequeños episodios domésticos que tú recordabas con precisión maravillosa, en sus mínimas particularidades, y francamente lloré, sensibilizada al oírte.

Tus cariñosos recuerdos me conmovieron y me hicieron gran bien las buenas palabras que pronunciaste respecto a mí, dictadas por pensamientos elevados, hijos de la afectividad que nos unía. Mi conciencia se sintió sumergida en un ambiente de serenidad y de paz, y yo recordé las lágrimas que derramara en las largas noches, de graves preocupaciones morales, de las dificultades que atravesara en la existencia, de los obstáculos vencidos con mis constantes plegarias para que nuestro hogar fuese un nido de cariñosa paz, para que la pobreza material no perjudicase la luz del amor, la sublime riqueza de los humildes.

Yo no podía, con todo, sumirme en ese piélago[1] de recuerdos. Era necesario preocuparme con las modalidades de mi nueva vida y fue con esa disposición de espíritu que

1 Inmensidad.

procuré apartarme de aquellos pocos minutos de convivencia espiritual contigo.

75

El aura de la Tierra y la ligación de la humanidad a los planos invisibles

De vuelta de las regiones atmosféricas del planeta, fui inducida por mi preclaro compañero a contemplar lo que podemos llamar el aura de la Tierra. Vi al principio las capas de espacio que le son inmediatas como un todo homogéneo, en un color uniforme.

Pero mi guía exclamó:

—Busca ver como la humanidad se une por el pensamiento a los planos invisibles. Tu golpe de vista abarcó el paisaje, busca ahora los detalles.

Fijando atentamente el cuadro, noté que filamentos extraños, en posición vertical, se entrelazaban en grandes extensiones sin que se confundieran. No había dos iguales y sus colores variaban del oscuro al claro más brillante. Algunos se apagaban, pero otros se encendían en extraordinaria sucesión y todos eran poseídos de movimiento natural, sin uniformidad en sus particularidades.

—Esos filamentos—me dijo con bondad— son los pensamientos emitidos por las personas encarnadas; son reflejos llenos de vida, a través de los cuales podemos evaluar los cerebros que los trasmiten. Al poco conocerás cuáles son los de la concupiscencia, los de la maldad, los de la pureza, los del amor al prójimo.

»Esos raros que ahí ves y que se caracterizan por su blancura fulgurante son los emitidos por la virtud y cuando nos colocamos en inmediata relación con una de estas manifestaciones, que nos llegan de los espíritus de la Tierra, el contacto directo se verifica entre nosotros y la individualidad que nos interesa.

76

La plegaria de la aflicción maternal

Aguzada mi curiosidad, quise entrar en relación con un pensamiento luminoso que me seducía, abandonando todos los otros que nos circundaban, para solo fijar la atención sobre él. Se me figuró que los demás desaparecían, en cuanto me envolvía en las irradiaciones simpáticas de aquel trazo de luz clara y brillante.

Oí, entonces, una distante voz exclamar:

—¡Dios mío! ¡Dios mío! Atiende mi corazón de madre desamparada. Si falta para mí y mis hijos la protección del mundo, ¡no les falte tu providencia misericordiosa! Válgame en este valle de lágrimas tu bondad infinita, ¡oh! Padre nuestro que estás en los cielos...

Oyendo esa plegaria conmovedora, vi igualmente una figura de mujer arrodillada y bañada en lágrimas. En un átomo de tiempo, por intermedio de extraordinaria interrelación de pensamientos, pude saber cuál era la razón de sus lágrimas, de sus preocupaciones y ¡cómo eran amargos sus sufrimientos! Sensibilizada con las manifestaciones de aquella alma exiliada, instintivamente le envié pensamientos consoladores, pronunciando palabras de fe y de esperanza.

Como había presentido, la vi meditar en el instante con la mirada llena de extraño brillo, levantándose reconfortada para enfrentar la lucha, sintiendo gran alivio.

77

El bálsamo del consuelo

¡Ah!¡Cómo me sentía feliz en haber derramado sobre aquella alma sufridora el bálsamo del consuelo! Ya sabía cómo proceder para consolar a los infortunados y a los infelices, que aceptan su cruz con abnegación y dedicación, y se elevan espiritualmente, esparciendo en los espacios la luz de sus corazones resignados, la luz que es el distintivo de los redimidos en contraposición con los orgullosos, que en la Tierra solamente buscan sus coronas, las cuales ruedan podridas en el sepulcro.

Continué reconociendo el valor de las angustias depuradoras para los que rescatan en la Tierra las faltas del pasado o luchan por la evolución psíquica, reconociendo que los dolores constituyen de hecho los imperecederos tesoros del mundo.

78

En los dominios de los recuerdos

En los planos de la erraticidad, donde me encontraba, pocos eran los seres cuya mente, en toda la intensidad de sus vibraciones, ya se había abierto al dominio de los recuerdos relativos a las existencias pasadas.

En esos tiempos inmediatos al *post mortem*, resurgidos de impresiones físicas, las cuales persisten en algunas entidades muchos años, la vida es casi copia de la existencia de la personalidad terrenal y fue así como conocí innumerables compañeros, que dudaban de las enseñanzas de los maestros cuando se referían a los pasados lejanos; y algunos de ellos me aseveraban no poder admitir la multiplicidad de las existencias del alma. Semejantes creencias eran la prueba de la ignorancia de cuantos las defendían, pues, como en los planos terrestres, o en las regiones que te son aún imponderables, la naturaleza no da saltos.

En aquel ambiente se mezclaban los protestantes, los católicos, los profesos de otras sectas, inclusive espíritus que militan en las huestes del materialismo más avanzado en la superficie de la Tierra, y si aquellas falanges de almas no eran malas, tampoco eran perfectas. No discutían acaloradamente, pero cada una prefería guardar sus puntos de vista en materia religiosa, acariciados durante la vida entera por la más extraña devoción.

79

La revelación decisiva para los religiosos y los ateos

Es verdad que nosotros, los católicos, no encontráramos el purgatorio y sus perfeccionados instrumentos de suplicio, ni el infierno y sus uñas demoníacas, o el paraíso lleno de ángeles y vírgenes. Los protestantes de ciertas escuelas se reconocieran despiertos, sin el sueño en que se dice estarán sumergidos los muertos, a la espera del juicio final.

Nosotros, los religiosos, no encontramos lo que nos prometían en nuestras iglesias, como los ateos no encontraron la nada en que creían. La posición de todos, sin embargo, en ese punto era de expectativa, según presumí, y cada cual se apoyaba en sus interpretaciones personales, a la espera de que los acontecimientos corroborasen sus desconfianzas.

La ignorancia, de que dábamos testimonio con nuestras dudas en fase de aquello que los pregoneros de la verdad nos venían a enseñar, era oriunda de nuestra persistencia en el atraso espiritual, opuestos a toda idea nueva y arraigados en concepciones que precisábamos desterrar para siempre, en beneficio de nuestro progreso. Esa resistencia impedía la necesaria amplitud de estado vibratorio de nuestro espíritu para que en él brotaran los recuerdos adormecidos. Es así como justifico la ignorancia habida con respecto al pasado.

80

La necesidad de difusión de las verdades espirituales

A través de estas palabras reconoceréis cómo se hace necesaria la difusión de las verdades espiritualistas en el mundo; solo ellas sirven de base a todos los edificios religiosos, limpiando la mente de fardos peligrosos.

Habituada a acatar incondicionalmente las enseñanzas de la Iglesia, mantenía también mis vacilaciones en cuanto a la creencia en las existencias pasadas. ¿Por qué no me acordaba de ellas, ya que no poseía más el cuerpo terrenal? Ya que la muerte me había arrebatado de los planos materiales, era natural que no tuviese justificación aquel olvido.

Entre tanto, todos los mentores espirituales, que nos dirigían, discurrían sobre nuestro pasado lejano... Hablaban de los compromisos a rescatar, de las deudas penosas, de las luchas necesarias para nuestro desarrollo.

81

La explicación del maestro

Intrigada con esos problemas procuré, como siempre hice, apelar a las almas beneméritas que nos guiaban en nuestra ignorancia. Uno de esos maestros me explicó:

«El descreimiento y la vacilación del que tú te encuentras poseída es, aún, consecuencia de las ideas reflejas, de las cuales solo con el tiempo, aliado al buen deseo, te podrás despojar. Tu mente es casi la misma que en el mundo te caracterizaba. Es preciso meditar mucho sobre esta condición, porque las impresiones que trajiste pueden perdurar por largo tiempo, en caso de que no desees con sinceridad evitar esa ignorancia y ceguera espirituales.»

Solicité su asistencia y auxilio, a lo que él prometió coadyuvar en el mismo instante, a fin de asegurarme en cuanto a la realidad de las existencias transcurridas.

82

Visiones conmovedoras del pasado

Pidió que me conservase mentalmente en una actitud pasiva y, con las manos sobre mi frente, se colocó en la posición de magnetizador. Al principio sentí la sensación de estremecimiento, pero sin la más leve sensación de sueño o de inconsciencia, experimentando antes un extraordinario aumento de lucidez y observando mayor agudeza de percepciones.

Comencé, entonces, a ver, no exteriormente, pero sí en lo más íntimo, una serie de cosas y de acontecimientos a los que me sentía indisolublemente ligada sin saberlo. Vi seres a los cuales me presentía sujeta por inquebrantables esposas y oyéndoles la voz terrible o acariciadora...

Yo iba comprendiendo todos esos hechos que se sucedían unos tras otros.

¡Ah! Si vi algo en esos panoramas retrospectivos que me trajo gratos placeres al corazón, también percibí las miserias de mi alma necesitada de esclarecimiento y redención y, si no es posible relatar todas las visiones de aquellos minutos en que me coloqué bajo el imperio de la excitación vibratoria provocada por la bondad de mi guía con sus poderosos fluidos, puedo decirte de una escena conmovedora, eternamente grabada en mi espíritu.

83

Historia de una reencarnación

Experimenté en esas sensaciones de vuelta al pasado el vacío de mi corazón envenenado por la atracción de los gozos mundanos, antes de retornar al orbe para mi última encarnación; me vi como un ser errante, sin destino, crucificado por el aislamiento y por la condenación de la conciencia maculada. Deambulando, pero parada en el mismo lugar como si estuviera pegada al suelo, encontré a alguien que reconocí ser un espíritu querido en mi existencia. Me aproximé, entonces, después de larga ausencia, a aquella que me sirvió de madre, a quien conociste. ¡Cómo me sensibilizó verla en aquella situación de humildad, luchando con mil asperezas en un destino de ingrata pobreza!

Me acerqué a aquella joven de mejillas maceradas en los trabajos y recordé las falsas alegrías de las que fuimos partícipes en el pasado. Tuve ímpetus de incitarla a abandonar las tristezas de su vida material, pero una voz imperiosa ordenó que yo me postrase de rodillas.

Contemplé, arrodillada, su semblante lleno de serena grandeza en el infortunio y lloré, lloré mucho, exclamando:

—¡Oh! Tú que ya sorbiste conmigo, en la copa de las efímeras felicidades de la Tierra, el mismo vino de envenenado sabor, y que hoy rescatas en la túnica de los pobres y de los humillados las deudas de otros tiempos, ¡ayúdame en mis buenos deseos! Yo quiero también esconder en los andrajos de la plebe anónima y sufridora las úlceras de mi enorme desdicha. Lavaré con lágrimas las manchas de mi conciencia. ¡Sea yo sangre de tu sangre carne de tu carne!

»Dame de tus vestiduras y de tus preocupaciones, dame de esos dolores que hoy te crucifican y de esos disgustos que deshacen tus engaños e ilusiones, porque solo ellos, solo esos sufrimientos salvadores, aliviarán mis heridas, devolviéndome la paz consoladora.

»¡Recíbeme, oh, espíritu bien amado! ¡Acaríciame en tu cariñoso regazo para adormecer olvidando! ¡Tengo necesidad de olvidar, en una nueva lucha!

En esas rogativas sinceras, vi que el rostro de aquella mujer se cubría de lágrimas; pensamientos tristes y amargos la envolvían. Es que mis invocaciones repercutían en su corazón.

Llorando, llorando, me sentí exhausta de fuerzas, sin poder erguirme de la postración; vibraciones de una brisa misteriosa barrían, entretanto, de mi cerebro agotado, las penas y las preocupaciones.

Yo perdía la conciencia de mí misma... Es que daba el primer paso para mi renacimiento en la Tierra y, según mis deseos, aquella mujer me recibía en su seno para, igual que ella, sorber la hiel de la prueba redentora y, imitándola, fui también madre para sufrir y redimirme.

84

La historia viva de las cosas

Después de adaptarnos a la vida libre de los espacios, cuando el ser no se encuentra bajo las pasiones absorbentes y su conciencia se despoblaba de los recuerdos penosos, se comprende cuán sublimes son los atributos de las almas, ornamentos luminosos del incomparable don divino de la inteligencia.

Una de las facultades, acerca de la cual oía maravillosas disertaciones, era la que proporcionaba al espíritu el poder de penetrar en el pasado lejano, no para examinarse individualmente, sino para el estudio de épocas, de costumbres, de civilizaciones, de razas, leyendo la historia viva de la evolución humana. Yo aún no me aventuraba en ese terreno para el cual me juzgaba falta de fuerzas; todavía, algunos estudiosos sentían con tamaña intensidad la sed de auscultar el pretérito de la humanidad, que solicitaban el auxilio de maestros aptos para ayudarlos en eso.

85

Para despertar la conciencia espiritual

Se organizaban, entonces, reuniones en el ambiente en el que me encontraba, donde varios mentores espirituales obraban, como si fuesen émulos de Mesmer,[1] en experiencias magnéticas. Espíritus deseosos de relación con el pasado se entregaban pasivamente como sujetos en esos estudios, con la diferencia de que no perdían la conciencia de su yo, manteniéndose atentos a toda enseñanza.

Esos estudios no eran, pues, completamente análogos a los vuestros; representaban solamente el esfuerzo de unos para que se despertase con más rapidez la conciencia espiritual, en toda la grandeza de su poder vibratorio.

86

Investigaciones espirituales

Sabiendo con todo que, con la ayuda del recogimiento en plegarias constantes, cada uno de *per se*, paulatinamente, podría hacer sus investigaciones, esperé pacientemente a mi vez. Al principio, cuando me entregaba a esos ejercicios, me parecía adquirir un segundo estado mental en que mis pensamientos eran cosas en movimiento, activas

1 Franz Anton Mesmer (1734-1815), médico alemán, según el cual todo ser vivo es poseedor de fluido magnético.

y palpables. Nada había en ellos de abstracto o de imaginario, caracterizándose todos los elementos por trazos especiales.

Hasta hoy no sé si los cuadros por mí percibidos eran una retrospectiva de mi alma en sus propias existencias pasadas o si fui observadora de paisajes, fotografiados para siempre en los rayos de la luz que nos circundaban en todas partes.[1]

87

Los errores de la historia

Vi, primeramente, los cuadros tocantes al pasado local de la ciudad en que naciera, los cuales son en demasía sin relieve para que a ellos me refiera.

Mi visión, sin embargo, se fue ampliando, extendiéndose en el espacio y en el tiempo con relación a la existencia de la patria. Contemplé emocionada, debido al fenómeno que se operaba, sus grandes acontecimientos históricos como revoluciones internas, luchas con el extranjero, hechos políticos y sociales.

Vi el transcurrir de muchas escenas, donde se irradian efectos benéficos o nefastos para todo el país, sin embargo, a todo asistía admirada de no ver las solemnidades y pompas de que se hace acompañar la historia en sus errores descriptivos.

1 Itálico: texto destacado por la autora.

88

Hambrientos de luz y de paz

En casi ninguna de las personalidades que se me presentaban a los ojos veía la aureola de gloria que la posteridad les había dado; al contrario, pude constatar que innumerables de aquellos, que son venerados por los hombres con el incienso de un falso patriotismo, no pasaban de míseras almas fracasadas en sus buenos propósitos, conservándose, más allá de los velos físicos, hambrientas de luz y de paz.

Lo que más me conmovió en los cuadros animados, que yo veía de la existencia colectiva de la nacionalidad, fueron los rasgos de heroísmo, los romances de miseria y dolor, las páginas sangrientas de la esclavitud de Brasil. Vi seres crucificados en suplicios dantescos, perseguidos por dolores lancinantes, infligidos por señores desalmados y crueles; pero pude saber también que en aquellas vestiduras de infortunio y padecimiento se ocultaban antiguos dominadores y verdugos de la humanidad en eras de antaño, los cuales rescataban penosamente las deudas de otro tiempo.

89

Los déspotas a la búsqueda de la redención moral

Poderosos y déspotas romanos, inquisidores de la Iglesia, martirizadores de las colectividades, innumerables tiranos de todas las épocas buscaran la purificación por los trabajos de cautiverio, dominando climas bravíos, invadiendo florestas inhóspitas y afrontando vejaciones en la búsqueda de su redención moral.

90

Momentos iniciales de la colonización de Brasil

Mi visión se extendía más y más y vi el suelo brasileño habitado por los aborígenes, admirando sus bizarras manifestaciones de creencia, su manera especialísima de vivir, vi la llegada de los primeros colonizadores y la lucha que se entabló entre ellos y los naturales. Auscultando los pasados lejanos, tengo personalmente razones para creer que el continente americano nada tenía de nuevo y que fue de sus grandiosas extensiones que salieron las multitudes, los emigrantes para la creación de los ímpetus civilizadores de otras tierras.

Era para mí, por tanto, un mundo nuevo de sensaciones, poder regresar al pasado, sentir la ansiedad de los agrupamientos colectivos y vibrar con su vida intensa.

91

La fervorosa invocación a Horus

En cierta ocasión quise experimentar si no podría ver algo fuera de los asuntos relacionados con el lugar recóndito del mundo en que viviera y tomé, para esto, un antiguo documento guardado por egiptólogos con atención y cariño.

Se trataba de un papiro que traía una inscripción jeroglífica, del cual no pude saber de entrada la expresión textual; todavía, remirándolo en las manos, sentí alguna cosa extraordinaria. Entré en relación con el estado vibratorio de su antiguo poseedor, cuando allí escribiera el complicado texto y supe luego que se trataba de una fervorosa invocación a Horus,[1] formulada por un sacerdote tebano, en el momento de angustiosa expectativa. Lo que sentí, entonces, fue algo comparable a lo que experimentan todos cuantos poseen el don de la psicometría.

1 Dios egipcio representado en ocasiones por un halcón, otras por un hombre con cabeza de halcón.

92

En el antiguo Egipto

Me relacioné con la existencia del sacerdote en aprecio y sentí sus impresiones en el instante en que formulaba su rogativa... Vi a mi lado la gran pirámide y no muy lejos divisé la figura de la esfinge gigantesca en el desierto de arena, sin embargo no traía en sí el vestigio del tiempo y de las tempestades. Sobresalía de su aspecto imponente, grandioso, el esplendor de las épocas faraónicas... Percibí en el cuerpo majestuoso de la pirámide una puerta lateral, donde penetré acompañando a aquel sabio egipcio en sus meditaciones profundas; atravesé corredores sinuosos y cámaras oscuras, repletas de aire sombrío, como si estuviesen pobladas de espectros amenazadores.

Llegada a cierta altura, descendí por caminos tenebrosos, donde había los mayores peligros para un alma encarnada; símbolos terribles se presentaban a aquel iniciado y admiré el coraje de ese hombre de nervios férreos, que no temía a las sombras, la amenaza y la muerte.

A través de peripecias inenarrables, llegamos a un templo subterráneo de regulares proporciones, entre cuyas paredes se resguardaban muchos hombres silenciosos, bizarramente vestidos. Vi, sin embargo, junto a ellos muchos seres espirituales; y entre los presentes destacaba la figura majestuosa y complaciente de un viejo que, ciertamente, era el supremo hierofante o gran sacerdote de la comunidad. Lo vi extender los brazos horizontalmente, pronunciando palabras en un idioma para mí ininteligible, pero de las cuales pude alcanzar la esencia, penetrándole el pensamiento.

93

La vida, eterno fenómeno de los juegos vibratorios

Asistí a ceremonias extravagantes y extrañas, y regresé, después de terminadas, por los mismos caminos a que me referí. Aquel iniciado, al escribir las ideas en el papiro, experimentaba el recuerdo de sus venerados maestros. Las vibraciones de su mente habían impregnado aquel objeto y su plegaria estaba allí patente e inmortal.

Concluida mi experiencia, oí la voz de mi guía exclamar:

—¡Considera, hija mía, cómo todas las cosas tienen su historia! La vida es el eterno fenómeno de los juegos vibratorios y tiempo vendrá en que las almas en la Tierra comprenderán el papel del espíritu en su esfera infinita de influencia. En esa nueva era, los hombres verán más allá y han de construir, con sus conocimientos, la felicidad eterna.

94

Jesús es el Camino, la Verdad y la Vida

Me pareció que yo había concluido un curso de preparación en la vida errática, porque en aquel día fui llevada por amorosos y devotos guías a un lugar maravilloso por su amplitud y belleza.

Se trataba de una esfera fluídica, comparándose las materias delicadas de su constitución con los elementos groseros, característicos de la Tierra. Una vasta superficie, como un campo divino teníamos bajo nuestros ojos; la claridad que se esparcía iluminándolo era abundante, pero no deslumbraba, de forma que delante de nosotros veíamos el cimborrio[1] celeste, adornado de estrellas centellando...

Sin embargo, me impresionaban más las flores extrañas, de bizarros contornos, que esparcían en el ambiente un embriagador aroma...

95

El lúcido mensajero del Señor

Parecía que nos encontrábamos en un templo maravilloso del infinito, sin límites en los portentos de su grandeza. Elementos de vida penetraban profusamente en nuestro

1 Cúpula.

ser, llenándonos de una deliciosa sensación de agradabilísimo bienestar.

Verdadera multitud de almas allí se conservaba, cuando, en una graciosa elevación de la sustancia que constituía la superficie de ese orbe, como si fuera una duna de nieblas opalinas, se materializó uno de los más lúcidos mensajeros del Señor, que ya me fue permitido oír en la existencia del más allá del túmulo.

Una túnica delicada y ligera, al estilo romano, le caía de los hombros, pero lo que altamente nos encantaba era el extraordinario poder atractivo que irradiaba toda su personalidad.

Sus palabras se derramaban en nuestras almas, como bálsamos deliciosos, tal la profundidad de su enseñanza aliada a la más encantadora magia.

96

Por la obra grandiosa de la restauración de las creencias puras

No me es posible reproducir con absoluta fidelidad todo cuanto escapó de sus labios, apenas, en mis expresiones groseras, puedo sintetizar la moral de su inolvidable lección:

—Hermanos—inició él—, ¡en vuestras experiencias en los planos de la erraticidad, comprendisteis cómo son fugaces las ilusiones del mundo físico!

»Felizmente ya os despojasteis del cuerpo de impresiones materiales, que conservabais dentro de los recuerdos nocivos de aquello que, en su mayor parte, constituía el lado perjudicial de vuestra existencia pasada. Reposasteis al fin de esfuerzos insanos y penosos trabajos, reconstituyendo vuestro organismo espiritual, debilitado en las luchas.

»¡Ahora se hace necesario que os volváis a erguir para las tareas dignas! En la cara lejana de la Tierra están aún, soñando y padeciendo, aquellos que amasteis; en la superficie de ese orbe distante, luchan los hombres, obcecados por el orgullo y la impenitencia. Allí, todo un campo ilimitado de trabajos se extiende a vuestras vistas. Guerras destructoras, sentimientos envilecedores, corazones afligidos, colectividades sufridoras, trabajadas por las más duras privaciones, leyes absurdas, ignorancia, martirio, insanias, todo se confunde, esperando la luz espiritual.

»Los hombres han luchado por muchos siglos buscando la verdad, donde ella no se puede encontrar. Un día les fue dado contemplar el rostro luminoso del Divino Plenipotenciario. Hubo regeneración parcial de los abusos que se perpetraban y se observó gran razonamiento de la civilización. Las criaturas humanas, sin embargo, olvidaron muy deprisa al Sublime Enviado. Los abusos de toda especie reaparecieron: la verdad fue oscurecida y el error se restableció en el mundo.

»Los hombres, en su afán de saber, crearon entonces las filosofías y las ciencias, las cuales, con todo, no pueden ir más allá de la materia, en su expresión más grosera. En el orbe terrenal, pues, se observa actualmente el eclipse de las luces espirituales.

»Nos cabe realizar el movimiento grandioso de restauración de las creencias puras. Volvámonos para el suelo ingrato de aquel mundo de experiencias y pruebas, donde el pan, que nutre el cuerpo, se mezcla con los llantos amargos de las almas.

»¡Trabajemos! Levantemos a las criaturas humanas de su inercia moral. Realicemos nuestra acción bajo la vista cariñosa de aquel que es el Camino, la Verdad y la Vida...

97

La misión consoladora de los espíritus en la Tierra

Pero, en ese momento, hubo en aquella maravillosa lección algo extraño y destacado. Un relámpago indescriptible, espléndido en su belleza y silencio, iluminó las profundidades de lo ilimitado. No sabría contar lo que pasó entonces; un sentimiento intraducible de éxtasis y veneración se apoderó de nuestras almas haciéndonos inclinar, llenos de compunción y lágrimas.

Todos los espíritus, que allí confraternizaban, sintieron como yo, en esa hora, una energía nueva y, sin saber relatar lo que pasara, adquirimos una fuerza que no poseíamos, una extraña iluminación, que nos hizo volver a la superficie de la Tierra, para la cual traemos la misión consoladora.

Desde ese instante integramos las filas de los que pugnan por la aparición de una nueva era para la humanidad y, trabajando al lado de todos cuantos se experimentan bajo el aguijón de la carne, esclareciéndolos y confortándolos, de forma indirecta, sin que sientan de manera tangible la influencia de nuestra acción. Nosotros queremos decir a todos los hombres como nos fue dicho, en aquel inenarrable momento:

—¡Sigamos a Jesús!¡Él es el Camino, la Verdad y la Vida!

Y que el Celeste Enviado, en su infinita misericordia, haga caer en todos los corazones la luz maravillosa del divino relámpago de su amor.

98

Un adiós

Hijo mío, ahí están, en mis cartas sin pretensiones, las primeras impresiones de mi espíritu en la vida más allá del túmulo.

Por más que me esforzase, no pude ser fiel en mis descripciones referentes al aspecto que constituyen los ambientes de los desencarnados.

Objetos y panoramas, que no se relacionan con las cosas conocidas en la Tierra, es natural que permanezcan ajenos a la comprensión del hombre y de ahí surge la dificultad para que el alma libre se manifieste con el objetivo de esclarecer a las criaturas terrenales, en cuanto a la vida fuera de la carne.

Mis páginas reflejan justamente el panorama de los planos de la erraticidad en el desarrollo de la última catástrofe mundial, que enlutó a millares de corazones, cuando se verificó mí alejamiento de la vida material. Ellas pueden, a los ojos de los incrédulos, estar repletas de afirmaciones audaces y poco accesibles al entendimiento. Pero la muerte es soberana y un día creyentes y no creyentes atravesarán los caminos de la vida errática y han de convencerse en el sentido de las cosas espirituales.

Al final de esa serie de mis elucubraciones, doy gracias a Jesús por haberlas logrado y al caritativo Guía, que me auxilió en la exposición de las ideas, ayudándome en las deficiencias de mi incultura.

En los momentos en que me aproximaba a ti para escribir, sentía su saludable influencia, dictándome trozos enteros para que los transmitiese con la fidelidad posible.

Innúmeras veces corregía la pobreza de mis facultades de expresión y a él debo lo que pude escribir por tu intermedio.

*

Posiblemente, hijo mío, más tarde proseguiré escribiendo algo de nuevo; con todo, en cuanto se calle mi voz, continúa desempeñando la tarea que te fue confiada, haciendo justicia al salario del buen trabajador.

Nosotros sabemos cuánto tienes sufrido en el cumplimiento de tus deberes mediúmnicos.

Sacrificios, dificultades y pruebas, inclusive los espinos agudizados, que salpican tus caminos, todo eso representa el medio de redención que la magnanimidad del Señor nos ofrece en la Tierra, para nuestro rescate espiritual.

Soporta pues con coraje, con serenidad cristiana, los reveses de tu existencia.

*

Ejerce tu ministerio, confiando en la Providencia Divina.

Sea tu mediumnidad como harpa melodiosa, sin embargo, el día en que recibieras los favores del mundo como si estuvieras vendiendo sus acordes, ella se oxidará para siempre. El dinero y el interés serían cardenillo[1] en sus cuerdas.

Sé pobre, pensando en aquel que no tenía una piedra donde reposar la cabeza dolorida y, en cuanto a la vanidad, no guardes su ponzoña en el corazón. En su copa envenenada, muchos han perdido la existencia feliz en el plano espiritual como si estuviesen embriagados con un vino siniestro.

1 Es una materia verdosa o azulada que se forma en los objetos de cobre o sus aleaciones.

*

No encares tu mediumnidad como un don.

El don es una dádiva y aún no mereces favores del Altísimo dentro de tu imperfección.

Reflexiona que, si la Verdad ha exigido mucho de ti, es que tu débito es enorme delante de la Ley Divina.

Considera todo eso y no te desvíes de la humildad.

En los tormentos transitorios de tu tarea, recuerda que eres asistido por el cariño de tus guías intangibles.

En las noches silenciosas y tristes, cuando elevas al Ilimitado tu oración, nosotros estamos velando por ti y suplicamos a Dios que te conceda fortaleza y resignación.

La vida terrenal es amarga, pero es pasajera.

¡Adiós, hijo mío! Dentro de todas las dudas e incertidumbres de tu vivir, recuerda que tienes en este otro mundo, hacia donde volverás, una hermana devota que se esfuerza para tener junto a los hijos, que dejó en la Tierra, el mismo corazón, desbordante de sacrificio y amor.

99

En el plano de los desencarnados

Aún hace poco tiempo, hijo mío, manifestaste el deseo de que te describiese el lugar donde ahora me encuentro en el plano espiritual. Es bastante difícil una descripción literal, con respecto a mi nuevo ambiente, pero voy a intentar hacerla, a pesar de las deficiencias naturales que se me presentan.

La Tierra es el centro, esto es, la sede del gran número de esferas espirituales que la rodean de manera concéntrica. No puedo precisar el número de esas esferas, porque ellas se alargan hasta un límite que mi comprensión, por ahora, no puede alcanzar.

Cuanto más evolucionado es el ser, más elevada será su morada, hasta alcanzar el punto en que esas esferas se interpenetran con las de otros mundos más perfectos, siguiendo los espíritus en esa escala ascendente del progreso, bajo todos sus aspectos. Solamente ahora conseguí pasar a la segunda esfera, después de penosas labores a favor del burilado de mi personalidad. Procuraré resumir lo más posible para ofrecerte una idea de mi hábitat.

100

Una Tierra perfeccionada

Aquí, hijo, me siento sorprendida, porque veo una especie de continuación del planeta que dejamos. Imagina la Tierra, llena de sus bellezas naturales, sin embargo, moralmente más perfeccionada y tendrás la imagen de esa segunda esfera que me sirve de morada.

Tenemos casas, pájaros, animales, reuniones, institutos como las familias terrenales, donde se agrupan los espíritus a través de las más santas afinidades.

El arte aquí es más hermoso y perfecto y, como el culto a Dios, forma parte integrante de todas las cosas de nuestra nueva vida, hay mucha alegría entre nosotros. Yo, por ejemplo, me siento rodeada de compañeros muy bondadosos, con quien me entrego a las tareas que me son afectas.

101

Como en un gran distrito...

El lugar donde nos encontramos es como si fuese un gran distrito terrenal, bajo la orientación de un jefe. Aún el otro día, deseabas saber las cosas más pormenorizadamente y busco satisfacerte la curiosidad.

Nuestro gobernador se llama Aulus, si es que puedo transmitirte el nombre en lenguaje equivalente al diccionario terrenal. Es un elevado espíritu, cuyo progreso y superioridad estamos lejos de alcanzar. Fue uno de los mártires anónimos del cristianismo naciente, y desde épocas remotas, semejante entidad viene purificando su evolución que sigue en altos vuelos, hacia el regazo del amor de Dios. Lo llamamos el Príncipe, si es que podemos decírtelo todo, de modo que puedas comprender.

Y, en cuanto a nosotros, lo obedecemos alegremente, integrados en el conocimiento de la jerarquía que aquí es una cosa más bien sagrada que la que se conoce en la Tierra. No estamos inactivos, toda la actividad del distrito espiritual bajo la administración de Aulus se compone de núcleos destinados a socorros y auxilios a cuantos se debaten en las incertidumbres y las lágrimas de la Tierra.

102

Las oraciones de los hombres

Nuestra especialidad es examinar las plegarias de los seres terrenales, acudiendo a las casas de oración o a cualquier lugar donde hay un espíritu que pide y que sufre. Las rogativas de cada uno, entonces, son anotadas y examinadas por nosotros, procurando establecer la naturaleza de la plegaria, sus méritos y deméritos, su elevación o inferioridad para poder determinar los socorros necesarios. Hasta las oraciones de los niños son tomadas en consideración: cualquier petición tiene su anotación particular. Hay oraciones sublimes que se elevan de la Tierra hasta nuestro distrito, tan puras ellas son; sin embargo, atraviesan nuestras regiones como chorros de luz, buscando esferas más altas y elevadas que la nuestra. Existen, igualmente, las imprecaciones más negras y dolorosas. Con todo, todas merecen nuestro particular cariño y esmerada atención.

Hay muchos espíritus elevados bajo las órdenes inmediatas de Aulus que vienen hasta nosotros transmitiendo las órdenes necesarias. Los llamamos ángeles, para darte la idea del respeto y de la veneración que esos elevados seres nos merecen, y siempre uno de esos ángeles dirige nuestras expediciones para atender a los que yerran y padecen, en los torbellinos de la lucha material.

103

La escalera de luz

De la esfera en que me encuentro, percibo perfectamente que existe una escalera de luz que atraviesa los abismos y une las esferas unas a otras. La región inmediatamente vecina de la Tierra alberga muchos sufridores y muchos desesperados. Ahí, frecuentemente, descendemos para buscar hermanos nuestros que suplican y lloran, implorando el socorro y el auxilio de Dios.

En esa región hay perfectas e innúmeras organizaciones de muchos espíritus del mal que, reuniéndose unos a otros, forman congregaciones nefastas y terribles. Nuestro combate es continuo para poner, a los encarnados, a salvo de sus traiciones y crueldades.

Tenemos igualmente horas de reposo, donde formamos proyectos santificados y bellos, acerca de nuestros bien amados que ahí están para nosotros como muertos, sepultados en los túmulos de la carne. Muchas almas amantes, que podrían haber ascendido a planos más superiores y hermosos, aquí prosiguen ayudando a los que pelean, estacionándose voluntariamente en estas esferas inferiores, en las cuales me encuentro, para esperar a un novio, un padre, un hermano o una madre, muy queridos del corazón.

104

En el ambiente espiritual

Aún, observarás que si existen los abismos tenebrosos como las regiones infernales de ciertos planos en la erraticidad, o como los purgatorios de la Tierra, hay también el recurso de la bondad divina, que constantemente concede a cada cual un ángel tutelar, un estímulo sagrado a favor de su perfeccionamiento y redención.

Hay entidades aquí que solo cuidan de la confección de los trajes de sus compañeros, hay música e instrumentos más perfectos y adaptables que los conocidos en la Tierra. Tenemos fiestas y asambleas selectas, medios de comunicación, visiones a distancia, a través de procesos que los hombres están aún muy lejos de entender. Todos nuestros trabajos y actividades son regulados por leyes de vibraciones ahí desconocidas. Nuestra materia es más delicada, el mundo vegetal mucho más soberbio y rico, minerales también los hay, más complejos y hermosos en sus extrañas coloraciones. Pero ya es tarde y necesitamos separarnos. Pretendo revelar aún muchas cosas de nuestras ocupaciones y de nuestro modo de vida, habiendo obtenido el permiso superior para eso. Por hoy es todo. Queden todos en la paz de Jesús, nuestro Divino Salvador.

105

En las regiones de la luz

Deseo proseguir en esta noche, hijo mío, sobre las disertaciones respecto de los panoramas, en cuyo seno se desenvuelven nuestras actividades espirituales. Así como las almas encarnadas en la Tierra tienen, a veces, cuando se vuelven dignas de semejantes conocimientos, visiones perfectas y transcendentes en relación a la vida de los planos de la espiritualidad pura, así también alguno de nosotros, cuando demostramos resignación a los dictámenes de lo Alto y buena voluntad en la ejecución de la tarea que nos es designada, conseguimos la compañía de amigos, llenos de sabiduría, que nos sacan temporalmente de la esfera a la que pertenecemos, conduciéndonos a la visión grandiosa de otras manifestaciones más elevadas de la vida superior, en el seno de los espacios infinitos. Fue así como conseguí el viaje a Saturno, ya descrito.

Apenas, dentro de la insipiencia de nuestra evolución, ignorantes de nuestra condición de entidades que la existencia de la Tierra perfectamente caracteriza, contemplamos esos mundos grandiosos, escenarios sublimes de exteriorizaciones perfeccionadas de la vida, pero sin comprender los fenómenos de su desdoblamiento en esos medios, para nosotros totalmente desconocidos e ignorados.

106

Una expedición de estudios

Aún hace poco tiempo, dos compañeros y yo fuimos escogidos para una expedición de estudios, concernientes a la luz y, sin que yo esperase, elevado mentor nos condujo bondadosamente a un plano cuya belleza jamás sospeché que existía. Cuando nos alejamos de la esfera que nos sirve de morada, nunca nos sentimos inmediatamente muy a nuestra voluntad. Es lo mismo que le sucede al hombre terrenal cuando es sacado inopinadamente de su medio.

Hay siempre, en los que se cambian, en lo tocante a las condiciones ambientales, la sensación de extrañeza. Felizmente, semejantes emociones poco nos dominan debido a haber ampliado nuestras facultades de acción, educando la voluntad y disciplinando los sentimientos.

Como decía, sin embargo, atravesamos abismos de luz y grietas de los espacios, llenos de frío y tiniebla, no obstante, nuestro mentor y guía asevera que el espacio nunca está vacío, habiendo en todos sus rincones manifestaciones de vida que no siempre se nos dan a conocer.

En cierta altitud, contemplamos el orbe terrenal que no era más que una estrella inmensa, brillando con luz rojiza, reflejando la claridad del sol que a su vez se nos figuraba una lámpara mayor que las de uso común, hasta que el centro radiante de nuestro sistema y sus compañeros que giran en la inmensidad, en condiciones de planetas opacos, parecían luciérnagas perdidas en la distancia, en el silencio aparente del infinito. Pero el espectáculo a nuestro alrededor era seductor y deslumbrante.

107

Tres soles de colores diversos

Penetramos en una atmósfera rosada, plena de luz, pero de claridad suave, que se irradiaba esparciendo sonidos dentro de las más armoniosas cadencias que mis oídos escucharan en las condiciones de mi nueva vida. Por encima de nuestras cabezas, contemplábamos, entonces, un sol magnífico, color de rosa casi enrojecido, confiriendo al ambiente en que nos movíamos los más extraños matices. Todavía, no quedó ahí la novedad. Al seguir, percibimos que una estrella verdosa brillaba en el infinito de los cielos, mezclando sus claridades esmeraldinas con las tonalidades rosáceas que se estampaban en todas las cosas y, de repente, cuando una de esas estrellas se encontraba en el cenit y la otra pronta a desaparecer en los horizontes de ese planeta maravilloso, otro sol surgía, amarillo, color naranja, dando una nueva tonalidad a los paisajes. Las atrevidas concepciones de los pintores terrenales quedarían por debajo de las sublimes realidades por nosotros observadas, referentes a los efectos de la luz, en ese sistema de encantamientos.

El elemento sólido del orbe que pisábamos, en uno de los mundos privilegiados que giran en torno de esos tres soles de colores diversos, estaba formado de sustancias que no me es posible describir. Pero allí, observé la existencia de océanos y bosques, jardines, minerales, animales y muchas otras cosas que equivalen a los objetos y manifestaciones de la vida sobre la Tierra.

108

Planos perfeccionados de luz

Vi, aún, que los seres pensantes de ese maravilloso orbe son muy superiores a los hombres y se ocupan solamente de trabajos elevados y de orden divino, cuya vitalidad esencial no puedo trasladar al lenguaje terrenal aún tan imperfecto para reproducir aquello que constituye algo inaccesible al entendimiento de los hombres actuales.

Allí estudiamos, yo y los amigos que me acompañaban bajo los esclarecimientos de nuestro mentor, muchas novedades concernientes a los estudios de la luz y sus vibraciones en el seno del éter, base primordial de todas las construcciones y organizaciones de la materia, en todos los mundos.

Con todo debo decirte que los felices habitantes de ese mundo, alumbrado por los tres soles y donde no se conocen las palabras noche, sombra u oscuridad, nos pudieron ver y entender, pero nosotros no conseguimos penetrar en sus problemas ni en la elevación y superioridad de sus labores, debido a nuestro estado moral. Apenas nuestro maestro podía conversar con ellos, pero por lo que pude observar, debo añadir que son criaturas altamente dotadas de sensibilidad y aguda inteligencia.

Una gran bondad se irradia de sus pensamientos, porque nos sentimos maravillosamente bien dispuestos, en cuanto estuvimos en contacto directo con su ambiente.

Sus residencias están caracterizadas por una arquitectura eminentemente interesante. Casi todas las casas poseen torres como si fuesen agujas, siendo muy elevadas y, allí, la luz tiene aplicaciones que yo misma no conseguí comprender, tal lo trascendental de sus trabajos, esto es, de las actividades, donde son empleadas sus vibraciones.

Supe, sin embargo, que la luz de los astros, en su sustancia intrínseca, contiene potencialidades profundas de naturaleza eléctrica. Lo mismo en la Tierra, en el futuro los hombres llegarán a comprender esas cosas cuando sepan diseccionar y entender el espectro solar. Pero ya es tarde. Tengo otros quehaceres y volveré en breve. Dios te bendiga y conceda a cada uno su santa paz.

109

En las esferas vecinas de la Tierra

No son pocos los que en la muerte presumen del encuentro inesperado de una fuente inagotable de omnisciencia y juzgan, en su inercia intelectual, que los espíritus son criaturas sobrenaturales, cuya zona lúcida ya alcanzó el cenit del conocimiento.

Tales juicios son absolutamente falsos, no solo en su base sino también en su estructura, por cuanto suponen que el espíritu encarnado representa otra individualidad, confiriendo a la carne determinados poderes, la cual está muy lejos de poseer en su situación de elemento pasivo y maleable. La materia, con su complejidad atómica, no significa nada más que un revestimiento temporal, condición necesaria para lo tangible del ser.

Solamente cuando las lesiones orgánicas, dentro de las pruebas individuales, generan obstáculos al impulso evolutivo de la personalidad, tiene todavía una zona de influencia natural sobre el desarrollo moral de los individuos.

Por ejemplo, los locos (no obsesos), los ciegos de nacimiento, los que surgen de la cuna con graves deslices de orden corporal, semejantes espíritus tienden a impedirles el círculo del progreso en la actuación del organismo. Pero en la generalidad de los hombres, la materia nada más es la vestidura temporal, que el fenómeno de la muerte nos hace cambiar por otra, diferente en sus expresiones estructurales, pero siempre la misma base de orden material, de acuerdo con las necesidades del nuevo plano donde tendremos que desarrollar nuestras actividades. Es, por tanto, natural que nuestro ambiente en gran parte aún sea caracterizado por las ideas y concepciones de la Tierra.

Son innúmeros los que examinan nuestras descripciones del espacio, imbuidos de ideas preconcebidas, incapaces de criticarnos con imparcialidad de ánimo.

Con todo, eso no altera nuestra manera especialísima de vivir aquí. Las leyes naturales son siempre las mismas. El orden en su expresión divina no puede ser modificado. Si los núcleos humanos entrasen en el torbellino de una conflagración universal y si todas las criaturas perdiesen la vida en sus excesos, el sol no dejaría de hacer su recorrido en la inmensidad; la luna proseguiría con sus cambios, las corrientes polares serían las mismas, la naturaleza continuaría creando bajo la mirada misericordiosa de Dios, y las estrellas entre sus reflejos sonreirían, de lejos, hacia la Tierra silenciosa y deshabitada. Es inútil, por tanto, sublevarse o sentir incomprensiones de cara a nuestras exposiciones de la vida real. La crítica no destruye las realidades, por más juiciosas que nos parezcan.

110

La vida en todas partes

Nuestra vida aquí es la prolongación de la vida humana. No existen vacíos en el Universo. Todas las zonas interplanetarias están repletas de vida en sus manifestaciones multiformes. Una gota de agua encierra un universo infinitesimal donde una gran humanidad microscópica vive, trabaja y palpita.

Si Dios se conserva intangible a nuestro entendimiento actual, por cuanto no podemos concebirlo según nuestra individualidad, único índice que poseemos para apreciar a los otros, también la Vida como manifestación de su divinidad aún no es comprendida por nosotros, en toda la intensidad de sus grandezas multiformes.

Aquí se desarrollan nuestras actividades, a manera de los hombres, en esta segunda zona donde me encuentro, y aguardo la oportunidad feliz para reencarnarme en la Tierra, apenas lo que observo es que los hombres son más perfeccionados en su modo de sentir, considerándose totalmente eliminada la hipótesis de guerras y exterminios de cualquier obra. Hay más impulso de fraternidad en estos núcleos de seres, donde se agitan los sentimientos humanos en su generalidad.

111

Las afinidades raciales

El amor, la esperanza, la tristeza, la fe, la confianza, el carácter, la sinceridad y demás atributos de la personalidad humana aquí están vivos, palpitantes. Tengo observado, sin embargo, que a pesar de estar libre del peligro de las luchas fratricidas, entre todos existe gran movimiento de afinidad racial, pareciéndome que la cuestión de las razas ahí en la Tierra está subordinada a un fuerte ascendente de naturaleza espiritual.

Los sajones, latinos, árabes, orientales y africanos forman aquí grandes falanges aparte, y en lugares diferentes unos de otros. En los núcleos de sus actividades conservan las costumbres que los caracterizaban y es profundamente interesante observar de cerca como esas inmensas colonias espirituales difieren unas de otras a pesar de encontrarse unidas por los más santos lazos de la fraternidad y del amor.

112

Hegemonía de Jesús. La esfera llena de sol

Muchos de los componentes de esos núcleos, tan arraigadamente conservan el modo de pensar que poseían en el planeta terrenal que raros son los que no reluchan en aceptar la hegemonía espiritual de Jesucristo, como orientador y guía del orbe que dejamos y al cual aún estamos unidos por fuertes lazos de naturaleza afectiva, según el grado de progreso que ya alcanzamos.

Es común señalarnos, entonces, predicadores del evangelio del Maestro por todas partes, esclareciendo las conciencias e iluminando los raciocinios. Innúmeras colonias desconocen aún el mensaje de la Buena Noticia, a pesar de tener sus leyes de caridad, fraternidad y de amor, como la Tierra las poseía antes del cumplimiento de las profecías que anunciaban el advenimiento del Señor.

Pero hay sobre todas esas esferas, hablando de oídas, según las explicaciones que he recibido de grandes maestros de la espiritualidad, una esfera llena de sol, de claridad bendita y de bellezas inenarrables, donde se promana la fuente que podemos llamar de inspiración.

De su centro, dimanan todos los elevados conocimientos que felicitan las leyes humanas y sus rayos son reflejados por las mentes que están en correspondencia directa con su grandeza en concepciones de bondad, de tolerancia, de sabiduría y de amor.

Así está explicado porque, mucho antes de Cristo, ya existían en la India grandes pensadores, esencialmente evangélicos en sus doctrinas, pues Grecia, Egipto y el

Oriente ya poseían las teorías de solidaridad y fraternidad humana. De esa esfera grandiosa, parte el equilibrio para todas las corrientes espirituales entre la Tierra y las esferas que le son concéntricas.

113

Continuación de la Tierra

Es de este modo que he visto aquí muchas costumbres extravagantes. Por ejemplo, en la primera esfera, más apegada a la Tierra y a sus ilusiones, tenemos muchas organizaciones al estilo del planeta.

Son innúmeras las congregaciones de espíritus que se dedican a la salvaguarda de sus ideas religiosas sobre el orbe terráqueo. La Iglesia romana, por ejemplo, tiene ahí organizaciones, conventos, hermandades, que defienden sus errores y, así, de facción en facción, podréis comprender la inmensidad de nuestra lucha. En las colonias de antiguos remanentes de África vine a conocer costumbres raras, como bailes extraños, al son de músicas bizarras que me dieran la impresión de fandangos, tan de preferencia de los esclavos de Brasil.

La lucha establecida no es pequeña. Nuestra existencia es la continuidad de la vida material con todas sus características.

Viene de ahí nuestro continuo consejo para prepararse a una vida mejor, por la adquisición de virtudes y conocimiento. Así como he visitado otros mundos y otros ambientes, cuyas bellezas constituyen un sagrado estímulo para mi voluntad de progresar y aprender, igualmente muchas cosas lamentables he presenciado, optando siempre por la exhortación fraterna, a fin de que sepas aprovechar convenientemente tu tiempo en la superficie del orbe que actualmente habitas.

Desearía decirte algo en cuanto a las manifestaciones de vida sobre la superficie de Marte, pero tenemos que contar con tu tiempo, si estamos a tu lado, y así observo el avance de las horas. Si Dios lo permite, hablaré la próxima semana de otras enseñanzas obtenidas por mí en esa Tierra distante.

Dios te bendiga y te dé una buena noche.

114

El planeta Marte

Amigos míos, es con permiso de nuestros guías de los planos superiores que deseo proseguir, esta noche, mis narrativas de más allá del túmulo. No está en nosotros la presunción de resolver incógnitas científicas ni en derogar los decretos del Altísimo, que, del lado de aquí, nos merece la más sublime de todas las veneraciones. Escribo estas impresiones solamente objetivando el consuelo de los que sufren, mirando la amplitud de las esperanzas de los que nos comprenden, a fin de que aguarden, confiando en la bondad de Dios, el premio compensador de la vida en otros parajes más felices, donde la alegría no se extingue como en la Tierra, y la paz es una vibración permanente del pensamiento de todas las criaturas.

Aquí he aprendido que hay mundos de todas las especies, diversificados en su naturaleza como la esencia de los sentimientos de las almas. Mundos de dolor, de ventura, de aprendizaje, de lucha, de regeneración.

Todas esas distantes patrias que vuestros telescopios focalizan, dentro de la noche inmensa, no podrían estar vacías y abandonadas. No se comprende una ciudad edificada, rica de monumentos y obras, sin habitantes y sin vida. Los planetas, que giran en el infinito, constituyen la familia universal, por excelencia. Cada uno de ellos soporta una humanidad, hermana de todas las otras que vibran en la inmensidad.

Es toda vanidad del hombre terrenal, afirmarse como la única criatura pensante del universo, asimismo porque la Tierra es uno de los planos más oscuros y repletos de amargura para cuantos ya experimentaron algo de las felicidades imperecederas, que la evolución del sentimiento y del raciocinio puede facultar. Para las almas acendradas en el amor, la Tierra es el escondrijo del exilio y de las sombras.

Todavía, vosotros, los que estudiáis, tomados de la disposición benéfica de conocer la vida espiritual en sus más remotas y múltiples modalidades, debéis guardar, en el corazón, el tesoro divino de la esperanza. Si en la actualidad los dolores os asedian, sabed que la vida no se circunscribe en el ámbito mezquino del orbe terrenal. Patrimonio de la creación y divinidad de todas las cosas, es ella la vibración luminosa que se extiende por el infinito, dentro de su grandeza y de su sublime misterio.

115

El viaje vertiginoso

Pero os prometí hablar de mi excursión al planeta que os es vecino y voy desviándome en consideraciones doctrinarias y filosóficas, olvidando el objetivo de mi visita.

Es para vuestra ciencia una afirmación audaz deciros que pude ver el planeta Marte, identificándome con sus elementos a fin de conocer de más cerca sus bellezas ignoradas.

La verdad, sin embargo, tiene igualmente sus revelaciones por los caminos de la fe. No todo se muestra solamente en los análisis fríos de los laboratorios y sus retortas. Las grandes realidades primeramente hablan al corazón. En la actualidad, a la mengua de elementos más positivos de orden material, nosotros os hablamos como si fuésemos víctimas de nuestros ímpetus imaginativos, pero un día vendrá en que los hombres habrán de verificar, con las positividades requeridas, la veracidad de nuestras afirmaciones.

Como en otras veces, amigos míos, no pude hacer sola una excursión de esa naturaleza. El guía de siempre conducía mis pasos. Y fue así como bastó un pensamiento fuerte de nuestra voluntad, concentrada en ese objetivo, para que efectuásemos ese viaje vertiginoso, cuya duración fue de pocos segundos, de acuerdo con vuestro recuento del tiempo ahí en la Tierra.

116

Paisaje de Marte

Me vi frente a un lago maravilloso, junto a una ciudad, formada de edificios profundamente análogos a los de la Tierra. Apenas la vegetación era ligeramente rojiza, pero las flores y los frutos se particularizaban por la variedad de colores y de perfumes.

Percibí, perfectamente, la existencia de una atmósfera parecida a la de la Tierra, pero el aire, en su composición, se me figuraba muchísimo más leve. Me aseguró entonces, el maestro que me acompañaba, que la densidad en Marte es en sobremanera más leve, tornándose la atmósfera muy enrarecida.

Vi hombres más o menos semejantes a nuestros hermanos terrícolas, pero sus organismos poseían diferencias apreciables. Además de los brazos, tenían a lo largo de la espalda ligeras protuberancias a modo de alas que les prodigaban interesantes facultades volitivas. Percibí que la vida de la humanidad marciana es más aérea. Poderosas máquinas, muy curiosas en su estructura, cruzaban los aires, en todas direcciones. Vi océanos, a pesar del agua que se me figuraba menos densa y esos mares muy poco profundos. Allí hay un sistema de canalizaciones, pero no por obras de ingeniería de sus habitantes, y sí por una determinación natural de la topografía del planeta que pone en comunicación continua todos los mares.

No vi montañas, siendo notables las planicies inmensas, donde los felices habitantes de ese orbe desempeñan sus actividades consuetudinarias. Las aguas son mucho más raras. Las lluvias casi que no aparecen, mostrándose el cielo generalmente sin nubes. Me afirmó el protector que gran parte de las aguas de ese planeta desaparecieron en las infiltraciones del suelo, combinándose con elementos químicos de las rocas, excluyéndose de la circulación ordinaria del orbe.

117

La evolución marciana

Me aseguró, aún, el desvelado mentor espiritual, que la humanidad de Marte evolucionó más rápidamente que la de la Tierra y que desde los pródromos de la formación de sus núcleos sociales, nunca necesitó destruir para vivir, lejos de las concepciones de los hombres terrenales, cuya vida no prosigue sin la muerte y cuyos estómagos están siempre llenos de vísceras y de vituallas [1] de otros seres de la creación.

El día allí es igual al de la Tierra, pues cuenta de 24 horas y casi 40 minutos, pero los años constan de 668 días, tornando las estaciones más demoradas, sin transformaciones bruscas de orden climático que tanto perjudican a la salud humana.

Me dice, aún, el maestro desvelado, que los marcianos ya descubrieron gran parte de los secretos de las fuerzas ocultas de la naturaleza. Conocen los profundos enigmas

1 Víveres.

de la electricidad, sabiendo utilizarla con maestría. En las cuestiones astronómicas son eminentemente más adelantados que sus compañeros de la Tierra, comprendiendo todos los fenómenos y la mayor parte de los misterios de la naturaleza de vuestro planeta.

Vi allí formidables aparatos fotoeléctricos que registran, con precisión matemática, la casi totalidad de las expresiones fenoménicas de los mundos que están más próximos a ese orbe maravilloso. En vez del satélite que ilumina vuestras noches, observé que Marte es servido por dos. Dos lunas que parecen gravitar una en torno de la otra, pero menores, mucho menores que la vuestra.

118

Gran espiritualidad

Sin embargo, lo que más me admiró no fueron las expresiones físicas de ese planeta, tan adelantado en comparación con el vuestro. En él, la sociedad está constituida de tal forma que las guerras o los flagelos serían fenómenos jamás previstos o sospechosos. La vibración de paz y armonía que allí se experimenta irradia a los corazones felicidades nunca soñadas en la Tierra. La más profunda espiritualidad caracteriza esa humanidad, rica de amor fraterno y respeto al Creador.

No me es posible en este momento hablarte sobre la organización de sus colectividades, regidas en base de lo mejor de la fraternidad. Espero, sin embargo, hacerlo aún con el permiso de nuestro Padre.

Y como nuestro amigo Emmanuel aún necesita escribir, voy a poner aquí el punto final, suplicando a Jesús que nos envuelva a todos en la vibración luminosa y divina de la bendición de su amor.

119

En el umbral de los grandes acontecimientos

En el lugar donde nos encontramos, muy profundo y creciente, es nuestro interés por los estudios, los cuales van siendo perfeccionados por nosotros, al precio de iniciativas no siempre fácilmente conquistadas.

Como ya tuve ocasión de observar, mis actividades se desenvuelven en torno de un gran número de entidades que solo se dedican a los problemas de socorro espiritual a todas las almas que sufren y se rediment en la Tierra, en el crisol de las renuncias y de los grandes sacrificios.

Últimamente, estuvimos reunidos en extraordinarios movimientos, junto al puente al que ya me referí, y que atraviesa la distancia inconmensurable que separa vuestro orbe de la primera esfera que le es concéntrica. Son innúmeros los espíritus que se debaten del lado opuesto a aquel en el que nos encontramos, esforzándose para realizar la difícil travesía.

120

Espíritus alucinados

Dolorosos son los espectáculos que venimos presenciando, porque esas almas perturbadas y sufridoras están constituyendo una turba inmensa de alucinados y de locos. Muchos de nuestros compañeros valientemente atraviesan el abismo (en ciertas ocasiones, esos movimientos ofrecen peligros para los espíritus inexpertos de mi esfera, peligros esos de naturaleza fluídica, correspondientes por tanto con los elementos de nuestra materia y organización) pero son frustrados sus esfuerzos en el sentido de consolar a esas criaturas amotinadas.

Imaginad a alguien bajo el imperio de un sufrimiento indescriptible: el dolor le impresiona de tal manera, desorganizándole la facultad sensorial, que semejante criatura es incapaz de oír el consuelo fraterno o la amiga exhortación.

Es, quizá debido a ese estado de extrema perturbación, que las almas afligidas, en cuyo socorro estamos ocupados, no nos oyen, entregándose a las más dolorosas imprecaciones. Súplicas, clamores angustiosos, sollozos, gemidos, repercuten junto a nosotros, y hemos buscado en el refugio de la oración a Dios los recursos necesarios para esas colectividades espirituales, salidas del planeta en estos últimos días. Son muy raras las individualidades que consiguen oír nuestra llamada o aprender nuestras observaciones.

121

La tarea de la salvación

Tenemos aquí instrumentos semejantes a barcos salvadores, donde algunos espíritus consiguen transportarse hacia nuestro medio, para entregarse al tratamiento y al reposo que les son necesarios, sin embargo, las condiciones psíquicas de esas almas son muy lamentables. Demasiado conmovedores son los gritos maternos, las plegarias fervorosas y angustiadas que hemos oído, hijas del gemido opresor de madres infelices. A todos buscamos ofrecer el concurso de nuestra asistencia, todavía es difícil que logremos un resultado inmediato y efectivo.

No obstante, a pesar de la incomprensión con la cual somos generalmente recibidos, aún conseguimos evitar muchos males y apartar muchos infortunios, dentro de las posibilidades de nuestra influencia indirecta.

122

Un nuevo ciclo evolutivo

Interpelamos a los maestros que nos dirigen sobre los cuadros dolorosos a los que venimos asistiendo, con infinita pena, en virtud de las últimas luchas fratricidas que se vienen desarrollando en la superficie del planeta. Y nuestros venerables mentores espirituales siempre nos elucidan, explicando que la Tierra se encuentra en vías de conocer un nuevo ciclo evolutivo.

Nos explican, entonces, que esos movimientos objetivan no solo el cumplimiento exacto de las pruebas individuales y colectivas de los hombres y de los pueblos, sino también representan un trabajo de drenaje sobre las multitudes humanas, seleccionando entonces las almas encarnadas en ese mundo.

123

Las corrientes migratorias

Nuestros maestros nos hablaron de las grandes corrientes migratorias que modifican las civilizaciones, aseverando que el mundo actual se encuentra al borde de esos movimientos inevitables. Comprendemos, entonces, que todos los progresos de la civilización terrestre dependen de la economía, sobre cuya base reposa todo el edificio de la organización social.

Supimos así que, en tiempos remotísimos, cuando el planeta se encontraba en vísperas de iniciar una nueva posición progresiva, ocurrió el desplazamiento de las razas arias que invadieron los territorios europeos. El congestionamiento de ciertos países, el problema de la economía reglamentada, la necesidad de expansión que muchas nacionalidades experimentan en los tiempos modernos, constituyen una determinación desesperada de esas corrientes migratorias, cuyo pasaje es señalado por guerras destructoras, ensayando nuevas soluciones para las magnas cuestiones de la vida colectiva.

Afirman, por tanto, nuestros guías, que apenas comenzamos a presenciar los grandes acontecimientos que, fatalmente, habrán de ocurrir en los años venideros. Las razas amarillas y determinados núcleos de la civilización occidental requieren expansión y nueva fuente económica para la solución de los problemas que los oprimen; y en esos dolorosos pero necesarios movimientos la humanidad se depura, perfeccionándose cada vez más para su glorioso futuro espiritual. Reconociéndose, no obstante, todo eso, para las almas dotadas de poca experiencia, con respeto a esos enigmas de los pueblos, los cuadros aislados, como nos es dado conocer, son profundamente angustiosos.

Pero el dolor, el dolor soberano que ahí en la Tierra dobla toda cerviz y subyuga todos los frentes, ese está igualmente aquí con nosotros, en la adquisición de enseñanzas, ejerciendo su función de remodelar y perfeccionar toda la gloria suprema de la vida.

* * *

Todavía, Señor, tú que eres la grandeza y la misericordia suprema del universo, extiende tus manos magnánimas a la Tierra, mansión de sombras y de pruebas, donde hermanos nuestros se entregan al más provechoso de los aprendizajes.

Dales fortaleza de ánimo y resignación en los embates contra la adversidad dolorosa, alzando sus ojos hacia tus imperios resplandecientes, donde comprendemos las luminosas afirmaciones de la vida espiritual.

Protégelos a todos, Señor, integrando sus conciencias en el camino recto de la salvación y sus entendimientos en la comprensión profunda de tus leyes. Que la Tierra conozca la nueva era del amor y de la fraternidad espiritual.

Maria João de Deus

UNA PALABRA A LOS SUFRIDORES[1]

Concluyendo la segunda edición de nuestro volumen,[2] dedicado a las huerfanitas, mi hijo desearía que dirigiese una palabra a los sufridores.

Pero no puedo decirles más de lo que ya les dije en el conjunto de mis páginas sin pretensiones y humildes. Conté a todos los que sufren, con palabras simples, mis impresiones del más allá del túmulo, intentando dirigirme, en particular, a todos los sufridores, para los cuales el viento del infortunio es más frío.

* * *

Muchos espíritus pasarán, despreocupadamente, los ojos por las páginas en las que procuré grabar las emociones de mi alma, a pesar de las dificultades insuperables para hacerme comprender. Otros lamentarán la ausencia de características científicas en mis comunicados, ansiosos del rigorismo de las críticas minuciosas.

Estas cartas, sin embargo, no fueron escritas para las teorías científicas que florecen en el siglo, a la orilla del camino del espiritismo evangélico. Consagrando mi respeto y veneración a los estudios de los sabios terrenales, no sabría corresponder a sus deseos de conocimiento superior dentro de mi insignificancia individual.

1 Páginas recibidas el 30 de octubre de 1936.

2 N.E.: Maria João de Deus hace referencia a la segunda edición de *Cartas de uma morta*.

Escribí pensando en las madres sufridoras, cuyo corazón dilacerado no tiene otra luz, en el camino oscuro de la Tierra, que las esperanzas y súplicas puestas en el cielo; les veo, desde aquí, las amargas dificultades y los ásperos disgustos y las siento conmovidas por la tortura de las aflicciones, clamando por la misericordia infinita de Jesús. Las escribí ponderando las expectativas ansiosas de los hombres desolados por los dolores que cercan y humillan, en los senderos aspérrimos del deber y de las obligaciones más penosas.

¡Sí! La falange donde me encuentro para ejecutar las más santas determinaciones espirituales sabe de muchas miserias ocultas y de muchas lágrimas desconocidas... No siempre los grandes infortunios se circunscriben a las casas públicas del sufrimiento. Bajo las sedas fastuosas y bajo el sonido de músicas festivas, buscamos cicatrizar las úlceras cancerosas y paralizar los sollozos en muchos corazones que se purifican en la Tierra.

No desdeñamos las actividades preciosas de los espíritus insatisfechos que ensanchan actualmente los horizontes científicos del siglo, con el concurso del más allá del túmulo. Pero consideramos la expresión evangélica y moralizadora del espiritismo como su objetivo primordial.

Europa, desde fines del siglo pasado, ¿no se encuentra repleta de fenómenos supranormales, servida por las constituciones medianímicas más poderosas? ¿Grandes maestros no han ofrecido al continente entero el fruto de sus exámenes e investigaciones, en el largo camino de las ciencias terrenales?

Sin embargo, hace muchos años sucesivos, la confusión allí se estableció en las almas, envenenando las fuentes culturales del viejo mundo.

En los terribles engaños políticos de la Iglesia católica romana, Europa entera se prepara aguardando, inquieta, la guerra cruel de los extremismos.

* * *

Entre la ciencia humana y la sabiduría espiritual siempre existió considerable distancia. La primera es hija del trabajo inquieto y transitorio de los hombres. La segunda es hija de las grandes y bendecidas revelaciones de las almas. En la primera sobran las dudas amargas y las hipótesis falibles. En la segunda vibran las grandes y eternas esperanzas del corazón, del iluminado ideal de vida superior.

Dentro de las ciencias terrenales prevalecerán, en todos los tiempos, las descreencias inquietantes y angustiosas; los trabajos disolventes de crítica de los campos adversos siempre objetivarán la destrucción de patrimonios sagrados del ser.

Aún ahora muchos periodistas y estudiosos eminentes, a veces hablando de Crookes y de Lombroso, buscan desprestigiarlos, acusándolos como poseídos de decadencia de comprensión, en el trato con los fenómenos espíritas. Y, en esa revuelta de acusaciones, se pierde un tiempo precioso a la par de muchas energías que se podría emplear en la construcción del edificio de la felicidad humana.

¿Fenómenos? El hombre nunca encontrará otro mayor que la vida de Jesús, localizada en la historia. ¿Mensajes esclarecedores? ¿Podría haber alguno mayor que el de la palabra permanente de su evangelio?

Es para vosotros, los espíritus sufridores de la Tierra, que el espiritismo trajo una aleluya de esperanzas y glorificaciones. Héroes oscuros e ignorados del mundo: ¡alguien sabe de vuestros sacrificios, de vuestras renuncias y dedicaciones que el planeta terrenal no puede conocer!

Llorad vuestras lágrimas remitentes de ojos puestos en el cielo, donde se guardan todos vuestros llantos y donde son conocidas todas vuestras oraciones y aspiraciones.

Aprended en las experiencias penosas de la Tierra a deletrear el abecedario del amor, de la piedad y de la resignación, porque si vivís la dolorosa angustia de las almas desafortunadas e incomprendidas en el mundo, hay en el cielo quien os tiende sus manos cariñosas y compasivas.

Trabajad, sufrid y confiad en la misericordia divina, pues no fueron pronunciadas para los espíritus satisfechos y felices aquellas divinas palabras: «Bienaventurados los afligidos en la Tierra, pues ellos pertenecen a las alegrías del Cielo».

Maria João de Deus

ÍNDICE

www.ingramcontent.com/pod-product-compliance
Ingram Content Group UK Ltd.
Pitfield, Milton Keynes, MK11 3LW, UK
UKHW021933190726
13853UKWH00004B/1418

9 788494 297595